二〇一五
乙未年
羊羊得意

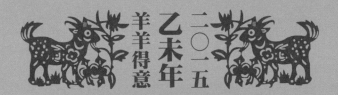

二〇一五

乙未年

羊羊得意

謝沅瑾

二〇一五

羊年生肖運勢大解析

乙未年

羊羊得意

自序

從一九七八年開始學習命理五術風水，無論古籍、通書或現今風水刊物，始終覺得博大精深，浩瀚無底，進而接觸日本、韓國……等命理五術刊物，更覺得深淺不一，各有所述。

自一九九四年開始長期參與各大電視台採訪錄影，談風水命理，到二〇〇三年受邀中天《台灣妙妙妙》風水錄影長達兩年，其間「風水命理界教父」之名不脛而走，用科學角度分析解釋，開創專業風水命理解析先例，深得好評，其收視率之高，首播加上重播長達六年之久。

自二〇〇四年「風水命理教科書系列」出版後，更造成出版界的一股風水命理旋風，第一本風水書銷售二十萬冊以上的佳績，更是締造命理類書籍的紀錄，出版業甚至有專文討論解析本書瘋狂銷售的原因，除了讓風水普及之外，更讓大家有正確的命理風水觀。一直以來，除了希望讓大家有正確的風水觀念，以免受騙之外，我更希望能夠讓「通書」、「農民曆」和「命理」融合，讓更多的人方便簡單好用。

常常遇到許多年長的媽媽們，一說到「農民曆」，大部分不是因為內容艱澀使她們「看不懂」，要不然就是密密麻麻的字讓她們「看不清楚」，再者，農民曆中往往充斥許多「不知所云」的內容。因此做一本精確、實用、容易閱讀的農民曆，不只是獻給我自己的爸爸、媽媽，更獻給普天之下有福分的每一位爸爸、媽媽。這本農民曆設計上方便使用、簡單易懂，讓讀者可以自己選擇吉日、吉時，並輕鬆找出每天的財位、貴人、旺方、喜門……等方位，並能避開每天的煞方，讓每個人都能輕鬆趨吉避凶，幫助大家事業有成，事半功倍。

今年更增加了生肖運勢大解析，為大家用生肖與農曆月份排出流年流月，提醒讀者留心自己與家人的運勢，可以提前消災解厄、招財納福。

期望能以此書，讓我的希望理想和座右銘能夠落實在每一位有福氣的朋友身上，那就是：

風水讓富人累積財富，
讓窮人改變命運！

謝沅瑾

謝沅瑾老師大事紀

西元	年齡	重要經歷
1970	6	• 開始學習國術
1978	14	• 開始學習命理五術
1982	18	• 以業餘身份開始從事命理工作 • 考上國術、太極拳合格教練
1990	26	• 白手起家配合專業知識創立連鎖事業
1993	29	• 正式執業，成立「謝沅瑾命理研究中心」
1994	30	• 開始長期接受台視、中視、華視、三立、東森……等九家台灣電視台以及平面媒體新聞採訪報導
1995	31	• 受邀長期參與台灣各有線無線電視台節目錄影
1996	32	• 受邀長期參加台灣三立電視台《穿梭陰陽界》、台灣 GTV 27《神通鬼大》……等節目錄影
1997	33	• 受邀長期參加台灣中視電視台《社會秘密案》……等節目錄影
1998	34	• 受邀長期參加台灣超級電視台《星期天怕怕》、台灣八大《神出鬼沒》……等節目錄影
1999	35	• 受邀長期參加日本電視台電視錄影 • 受邀參加台灣東森電視台《鬼話連篇》……等節目錄影長達五年
2000	36	• 受邀長期參加台灣三立電視台《第三隻眼》……等節目錄影
2001	37	• 受邀長期參加台灣東森 S 電視台《社會追緝令》、台灣 GTV 28《命運大作戰》……等節目錄影
2003	39	• 受邀參加台灣中天電視台《台灣妙妙妙》……等節目錄影長達兩年
2004	40	• 受邀參加上海電視台演講錄影 • 風水著作「謝沅瑾風水教科書系列」開始出版

2005	41	• 長期受邀於新加坡、馬來西亞……進行多次演説 • 受邀參加台灣緯來電視台《好運望望來》長達一年、《不可思議的世界》……等節目長期錄影
2006	42	•「謝沅瑾風水教科書系列」第五本《好風水、好桃花》出版 •「謝沅瑾民俗風水百寶箱系列」—《福》、《祿》、《壽》、《喜》出版
2007	43	• 受邀長期於《獨家報導》撰寫「謝沅瑾回憶錄」，成為第一位在雜誌連載回憶錄的風水命理老師 •「謝沅瑾風水教科書系列」第六本《招財風水教科書》出版
2008	44	•「謝沅瑾民俗風水教科書系列」—《謝沅瑾開運農民曆》出版。《一瞬間改變命運》出版
2009	45	•「謝沅瑾民俗風水教科書系列」—《謝沅瑾老師教你改好運發大財》出版
2010	46	• 受邀長期參與海外澳亞衛視《順風順水》節目錄影 •「謝沅瑾風水教科書系列」第七本《新居家風水教科書》出版 •「謝沅瑾民俗風水教科書系列」《謝沅瑾老師教你改好運發大財 2》出版
2011	47	•「謝沅瑾民俗風水教科書系列」第八本《文昌風水教科書》出版 •「謝沅瑾風水教科書系列」第九本《新居家風水教科書 2》出版 • 創立「中國正統民俗風水教育協會」擔任第一屆全國總會理事長 • 當選「中華星相易理堪輿師協進會」第四屆全國總會理事長
2012	48	• 受邀長期參與緯來電視台《風水有關係》節目錄影
2013	49	• 謝沅瑾「行動風水教室」臉書粉絲團成立，開始分享謝沅瑾老師風水案例
2014	50	• 謝沅瑾老師粉絲頁「謝沅瑾命理／民俗文化研究中心」與「謝沅瑾老師行動風水教室」粉絲合計突破 30 萬人

弟子序　胡瑋庭 老師

- 中華堪輿道派宗師府大弟子（謝沅瑾老師入室大弟子）
- 謝沅瑾命理研究中心行政負責人
- 中國正統民俗風水教育協會全國總會常務理事
- 中華堪輿擇日師協會總會名譽副理事長
- 中華星相易理堪輿師協進會台北市分會秘書長

自一九九五年認識謝老師開始，從一個拜託謝老師幫忙看自己家裡風水的人，轉變成一個跟著謝老師看人家家裡風水的人，每天和謝老師一起看風水、八字、姓名學已近十年，然而謝老師給我的感覺，卻跟十多年前剛認識時一樣，永遠是那麼熱心、真誠與負責。

在開始和謝老師學習時，謝老師已經是一個媒體寵兒，除了固定時間錄影的兩個節目以外，還隨時都會有媒體想要採訪或邀約錄影。

在每天排得滿滿的風水鑑定行程中，還要挪出時間參加各種錄影與訪問，固然考驗了一個助理的能耐，但更考驗了一個老師的品格和人格。

因為在這十多年來，眼看著許多老師在電視媒體上進進出出、出現消失，或者自以為有名而張牙舞爪、得意洋洋，甚至在命理業務上獅子大開口的人大有人在，能夠像謝老師一樣，在媒體的包圍之下，依然維持一貫的誠實、謙虛、純樸、熱誠的老師，可說是少之又少。

特別是和謝老師在國際舞台上看著美國、日本、新加坡……等世界各國媒體邀約採訪時，一位真正國際級的大師，受到大家真心的尊重，仍然能夠保持平常心，對待所有的人，那種感覺，才是我真正感動的地方。

謝老師要求每一位弟子，一定要有人飢己飢，人溺己溺的精神，並常說道：「法律之前人人平等，相同的，在當老師的人面前也應該是一樣人人平等，絕對不可分貧富貴賤，任何人都有改變命運的權利！」所以和謝老師一起走過的這十年間，無論是達官貴人，或是一般民眾，謝老師從不分貧富貴賤，都是一樣認真謙虛的對待。

謝老師常常犧牲用餐時間，餓著肚子，還認真的聽每一個人說著自己的問題，看在眼裡，感動湧現在心裡。

在這十多年中，有好幾次遇到家中發生急難的人，不計一切代價，甚至直接捧著大把鈔票前來，只希望事情能越早處理好越好。這種情況要換做是其他老師，有的可能就照單全收，甚至還趁火打劫，想盡辦法敲竹槓的大有人在，但謝老師不但沒有如此，甚至見到當事人原本就家境困苦，更是伸出援手免費幫忙解決問題，這種善行義舉，對天天和謝老師一起東奔西跑，救苦救難的我們，更是如數家珍。

由於長期在謝老師身邊的關係，謝老師在風水命理姓名學上的專業與準確，對我而言已如同家常便飯，見怪不怪，然而眼看著一位命理老師，長期處在這樣的地位與聲望中，卻依然能保有當年的那股熱情與原則，對我們這種經歷無數，聽過成千上萬家庭的喜怒哀樂的人來說，謝老師的「一路走來始終如一」才是我最敬佩他之處。

弟子序　于子芸 老師

- 中華堪輿道派宗師府二弟子（謝沅瑾老師入室二弟子）
- 謝沅瑾命理研究中心總部暨新加坡分部專任解說老師
- 中國正統民俗風水教育協會全國總會副理事長
- 中華堪輿擇日師協進會台北市分會會長
- 台北市中華易象易理堪輿師協進會副會長

自一九八四年與謝老師認識，從相信風水、瞭解風水，進而接觸姓名學，在這麼多年接觸學習的過程中，深知謝老師將所學到的知識，毫無保留的傳授給弟子們。

謝老師告誡弟子們：「要把有用的學問，幫助需要幫助的人，絕不能分貧、富、貴、賤。」更不能用自己所學的學問，去做坑、矇、拐、騙的事去害別人，因為我們所說的任何一句話，都有可能會影響到別人的一生，所以說話必須實在，不要誇大，要將別人的問題，用誠懇的心去處理事情、解決問題。

謝老師始終認為，人應該為自己說的話負責，而謝老師許多傳承自師尊的告誡，像是「稻子愈成熟，頭就要垂得愈低。」、「一個人有三分才華，就要有七分謙虛。」不管擁有多強的實力，身處多高的地位，處事低調、謙虛、誠懇，這些特質從謝老師身上便可看到，這也是老師給弟子們的座右銘，我們時時刻刻都謹記在心。

謝老師是一位無私奉獻、值得尊敬的老師，在教授風水上面，毫不藏私，毫無保留地用最簡單的詞彙，清楚明白的教弟子們和電視機前的每一位觀眾。在世界各國各地的演講中，總有無數的命理老師會到現場聽演講，當我們問老師為什麼還是毫無保留的傳授和回答時，謝老師很認真的跟我們講：「這有什麼關係嗎？正確的命理風水知識，如果可以讓每一個人或每一個老師，有更正確的觀念，去幫助更多需要幫助的人時，其實就是傳播善知識，不是一件很好的事嗎？」

這與許多別的老師藏私、嫉妒、自大的態度相比較，有如天壤之別，更加深了我們對謝老師的尊敬，難怪有這麼多人都稱謝老師為「風水命理界的教父」！

謝老師還常說，學問是學無止境，活到老，學到老。謝老師出書，是為了要讓更多的人瞭解風水、命理，進而無形中能幫助更多的人，誠如謝老師所言：「風水讓富人累積財富，讓窮人改變命運。」

我們非常感恩謝老師的教誨，不僅學習到很多專業方面的知識，也學習到許多待人處事的方法與態度，今後我們將秉持謝老師「幫助所有需要幫助的人」的理念，繼續將謝老師服務濟世的精神傳承下去，幫助更多需要幫助的人。

弟子序　于千祐 老師

- 中華堪星道派掌門宗師
- 謝沅瑾命理研究中心專任解說老師
- 中國正統民俗風水教育協會總會副理事長
- 謝沅瑾命理研究中心新加坡分部專任解說老師
- 中華星相易理堪輿師協進會總會秘書長

自一九八三年起認識謝沅瑾老師，算一算時間已經三十多年了，很多人都很羨慕我，有什麼樣的因緣際會可以認識謝老師？我想也許一切都是緣份吧。一九八三年，當年我們都還是學生。那時，我想創立台灣協和工商夜間部手語社，在學校老師的指引下，認識了已經創立協和日間部手語社半年有餘的謝老師，在他的協助下，終於完成了我的夢想。接著我又加入謝老師在松山區青少年福利服務中心創立的手語社。這個手語社裡，有來自台北市各個有意願創立手語社的高中高職所派出的學生代表，大家一起在這裡學習手語及手語歌，學成之後回到學校去創立手語社，這些學生也就是第一批手語流行歌曲的種子。

除了和謝老師一起練習手語、手語歌之外，我也和許多人一起向謝老師學習「功夫」（國術），再把國術與手語結合，一起表演。但謝老師是一個有豐富才藝的人，最讓我欣賞的並不只是上述的這兩項，而是「文筆」與「風水命理」。謝老師在學校裡可說是風雲人物，在老師引介我們認識之前，我早就聽過他的名字無數次了，每一期的校刊裡，他的名字都至少出現過五六次以上，不論是攝影、文章、新詩等，都有他的作品。所以，當我們第一次見面時，我就忍不住興奮大叫：「我知道你是誰！」從此結下了這個不解之緣。

這麼多年來，我跟隨謝老師走遍世界各地，看過謝老師無數的演講，聽他解析各國不同的風水建築，除了感佩他的知識涵養深厚之外，更讓我感動的是謝老師對風水民俗的永遠不變的熱忱。不論是在華人或者非華人的地區，面對的是東方人或者西方人，只要你對風水有興趣，只要你願意提問，謝老師就會不厭其煩的為你詳細解說。他就像是一座大型的知識庫，能從「科學的角度」、「民俗的說法」、「風水的原理」，全方位的分析老祖宗的智慧，不僅破除了一般人把「風水」與「迷信」畫上等號的錯誤認知，更讓這個傳統的知識能夠與時俱進。我想，這也就是為什麼謝老師能夠讓這麼多政商名流、科技新貴、藝人明星到一般普羅大眾都能信服他、喜歡他的原因吧。

從一九九四年第一個電視新聞採訪開始，到二〇〇四年謝老師的第一本著作出版，拜科技之賜，謝老師是「台灣風水教父」的聲名越來越遠播，走遍世界各地都有人能叫得出謝老師的名號，但無論老師多麼有名，他永遠都能保持赤子之心，永遠那麼謙遜與充滿熱誠，這也是我與老師的弟子們最感佩的地方。而無論您是老師的觀眾或者讀者，相信看過、聽過他對風水的分析，也能感受到老師對風水的解析真的不一樣，也希望讀者們都能從中認識到正確的風水知識，並且勇於改變，就像老師經常掛在嘴邊的一句話：「風水讓富人累積財富，讓窮人改變命運」，讓我們一起踏出成功的第一步吧！

目錄

目錄

生肖運勢大解析

Chapter 1

乙未年十二生肖整體運勢大解析

乙未年財運最佳生肖前三名：

1 虎　　2 龍　　3 猴男跟狗女

解說：

- 所謂「羊入虎口」，因此屬虎的人本年度可說是得意威風的一年。
- 屬龍的朋友，今年因為過去的努力或祖先積德，獲得回報會比較多。
- 屬猴的男性朋友與屬狗的女性朋友，也是本年度財運特別旺的生肖。

乙未年財運最差生肖前三名：

1 豬　　2 牛　　3 羊

解說：

- 屬豬的朋友今年犯五鬼，容易受到別人或朋友的牽扯，而造成金錢的損失，因此要慎防，不要人家說什麼就跟著做，要拿出理智來判別。
- 屬牛的朋友今年逢歲破，正沖影響比較大，投資方面預防失利，另外要避免爭執，慎防口角帶來的損失。
- 屬羊的朋友今年犯太歲，所謂：「太歲當頭必有破。」除非今年結婚生小孩，大喜才有解。因此在錢財的使用與投資上都要小心謹慎。

乙未年事業最佳生肖前三名：

1 虎　　2 龍　　3 猴男跟狗女

解說：

- 屬虎的朋友今年很旺，事業運仍排第一，會獲得資助，發展順利，競爭對手也會比較少。
- 屬龍的朋友，今年因為福德旺，貴人比較多，受到許多無形中的幫助，但要用比較謙遜的態度去發展事業，多行善，才能相得益彰。
- 屬猴的男生與屬狗的女生，事業也很旺，尤其從事具有個人特色的工作，如仲介等，個人特質、能力會更受到重視，帶來更好的機會。

乙未年事業最差生肖前三名：

1 豬　　2 牛　　3 羊

解說：

- 屬豬的朋友今年犯五鬼，容易受到別人的影響，而造成投資或對情勢的判斷出問題，而造成損失，交友方面要特別注意。
- 屬牛的朋友今年歲破正沖，事業上容易出現判斷想法跟大家有出入，進而做出錯誤的決定，導致虧損或爭執，要慎防因此而來的口角是非。
- 屬羊的朋友今年犯太歲，但有兩極化的發展，都要特別注意決策上的問題，最好不要做大型投資、擴廠，保守運用得宜即可。

乙未年感情最佳生肖前三名：

1 馬　　2 猴男　　3 狗女

解說：

- 屬馬的朋友，特別是庚午年（1990 年）出生的人，感情運可說是勢如破竹，桃花很旺，異性貴人也很多。
- 屬猴的男性朋友，尤其是壬申年（1992）出生者，因為吉星太陽的關係，熱力全開，但要注意，不可以腳踏多條船，以免惹來桃色糾紛。
- 屬狗的女性朋友，尤其是甲戌年（1994）出生者，突然間行情大好，身價大漲，好機會多多，可以好好把握。

乙未年感情最差生肖前三名：

1 狗男　　2 猴女　　3 牛

解說：

- 屬狗的男性朋友，比較容易有爛桃花出現，今年也不適合結婚。
- 屬猴的女性朋友，今年行事要保守一些，感情上容易出現問題，也要注意爛桃花。
- 屬牛的朋友，今年逢歲破，要盡量避免男女朋友間的爭執、口角，否則容易導致分手。要多聽少說為宜。

乙未年預防血光意外的生肖：

1 牛　2 羊　3 兔　4 蛇

解說：

- 屬牛的朋友因為正沖關係影響最大，血光、意外都要注意，小心交通意外。
- 屬羊的朋友，因太歲當頭，難免運勢受影響，也要多加小心。
- 屬兔的朋友今年犯白虎，而屬蛇的朋友犯天狗，都是容易遭逢意外血光，小心為宜。

乙未年健康容易出問題的生肖：

1 鼠　2 馬　3 雞

解說：

- 屬鼠的朋友今年犯死符，運勢上意味著比較有可能遇到重大的身體健康問題，甚至因此造成財物損失，要特別注意。
- 屬馬的朋友今年帶病符，因馬跟羊六合，能遇到好的醫生或者朋友的幫忙，但平日還是要多注意身體健康的維護。
- 屬雞的朋友今年犯喪門，也是容易碰到健康問題的運勢，飲食作息都要多注意。

乙未年十二生肖流年、流月解析

肖鼠者運勢

（8、20、32、44、56、68、80、92 歲）

⊙本年運勢：

屬老鼠的朋友今年要特別注意身體健康的問題，平日飲食要多注意，身體若有小病痛也要儘快醫治，以免釀成嚴重的病症，損害健康也造成財物損失。平日多運動，多行善積德，以保平安。

1924 年　甲子鼠　92 歲

本年度出生的朋友，上半年度助力比較多，兒女子孫會特別的照顧與體貼你。下半年度則需要注意健康的問題，但因為今年的貴人運不錯，舉凡保養或者就醫方面，都能獲得有效的助益，如果有小病痛一定要儘快就醫，以免小病釀成大問題，進而造成損財。

1936 年　丙子鼠　80 歲

本年度出生的朋友，今年運勢不錯，特別是在財運方面，會有很大的加分。但要特別注意不要有太大的情緒起伏，以免樂極生悲。投資要適可而止，切記不要貪多，反而招來損失。

1948 年　戊子鼠　68 歲

本年度出生的朋友，今年要特別注意飲食，容易有腸胃的問題。下半年度則會有損財的情形，但只要特別注意開銷的狀態，就不至於出現太大的問題。

1960 年　庚子鼠　56 歲

本年度出生的朋友，今年運勢是屬鼠的朋友當中最旺的。事業、財運都很好，但行事作風要保守，多幫助別人，會增加福份，進而讓運勢帶來正面循環，更加順暢。

1972 年　壬子鼠　44 歲

本年度出生的朋友，不適合進行投資，容易受到小人的誘導，反而造成金錢損失，這點要特別注意。另外，上半年比較辛苦，也容易遇到努力付出卻無疾而終、雷聲大雨點小的狀況。

1984 年　甲子鼠　32 歲

本年度出生的朋友，也是屬於運勢不錯的一群，身邊有很多貴人扶助，上半年財運會有明顯提升，但要避免言語或情緒所帶來的負面影響，要特別留意「驕兵必敗」，控制好自己的脾氣與心態，這是今年最重要的課題。

1996 年　丙子鼠　20 歲

本年度出生的朋友，男生要注意因為運動中的競爭所產生的肢體傷害。而生活中則要避免因為炫耀、逞凶鬥狠所帶來的負面影響。女生則要多注意婦科的問題。財運上，盡量不要借錢給人，容易肉包子打狗有去無回。

2008 年　戊子鼠　8 歲

本年度出生的朋友，要特別注意飲食的問題，像是亂吃了不潔的食物等，有可能因此產生腸胃問題。這一點父母親在照顧時要特別留意。

每月運勢　◎吉 ○中 ●凶 △平

○**一月運勢：**運勢沒有太大起伏的月份，可以趁著一年之初好好規劃一整年的計畫，多運動，累積自己的健康資本。

●**二月運勢：**運勢不佳，容易與看不順眼的人起衝突，或在言語上有一些不禮貌的行為，要好好控制自己的情緒，以免惹禍上身。

◎**三月運勢：**很容易有貴人相助的月份，財運上也明顯有所提升，如果能多幫忙身邊的人，還能為自己帶來更多好運喔。

○**四月運勢：**適合為自己充電的月份，生活比較安靜穩定，可以安排一些進修的課程，多學習與工作相關的技能，或接觸一些心靈成長的書籍。

●**五月運勢：**情緒比較不穩定，脾氣也會比較火爆的月份，要特別小心血光意外，外出行車要小心，身體若有不適也要儘早就醫，不可輕忽。

●**六月運勢：**本月份比較容易招惹小人，進而造成財務上的損失，行事盡量低調，不宜做過大的投資，工作上盡量忍一時便能海闊天空。

◎**七月運勢：**工作上遇到阻礙總會有同事、朋友來協助你。財運方面也比較寬裕，過去的投資可望有不錯的回饋。別忘了有機會也多幫助別人，廣結善緣。

●**八月運勢：**本月與人合夥、合作等，容易會有變數，或者投資、買賣容易有破財的跡象。口舌是非多，要注意控制自己的言行，理性溝通。

○**九月運勢：**本月運勢還不錯，可以趁機打理家務，調整作息，好好享受生活，跟朋友出遊或者在家休養生息，都能為你帶來美好的心情。

○**十月運勢：**本月延續上個月的悠閒氣氛，沒有太多煩心的事情打擾你，可以安排工作上的進修，或者好好思考下一步的布局，韜光養晦，預作準備。

△**十一月運勢：**本月運勢稍弱，健康是本月的主題，不要輕忽身體的小問題，飲食上也要多注意，盡量減少熬夜與夜生活。

◎**十二月運勢：**本月份你會明顯感覺到運勢回溫，工作或生活上有很多人在暗中幫助你，你的想法或者規劃也容易受到賞識，心情愉快。

肖牛者運勢

（7、19、31、43、55、67、79、91 歲）

⊙本年運勢：

屬牛的朋友今年因為逢歲破，運勢相對來說比較低迷，需要注意的事情也特別多。財務方面不要輕易做太大的投資，否則容易血本無歸。事業上也容易做出錯誤的判斷，另外還要慎防血光之災，凡事謹慎小心為宜。

1925 年　乙丑牛　91 歲

今年貴人多，小孩也孝順，但要注意不要太固執己見，多聽年輕人的想法。外出要多注意，避免受傷。農曆正月十五之前去廟裡安太歲，以化解不利影響。

1937 年　丁丑牛　79 歲

今年貴人很多，福星高照，即使遇到不好的狀況，也能逢凶化吉，如果能夠隨身攜帶喜事紅包，對運勢會有很大加分。

1949 年　己丑牛　67 歲

今年要特別小心容易做出錯誤的判斷與決定，記得各方面都不要太堅持己見，也不要與人爭執，才能否極泰來。

1961 年　辛丑牛　55 歲

今年運勢不錯，但遇到投資或者重大決策時，都要冷靜判斷，避免過度自信而造成損失，如果今年遇到結婚、生子或入宅等，則能為運勢加分。

1973 年　癸丑牛　43 歲

今年在投資上容易遭遇損失，所以要非常小心。平常的行事也要盡量保守，否則容易漏財。

1985 年　乙丑牛　31 歲

今年度運勢平順，不過在事業工作方面要注意，尤其下半年容易跟人有衝突，凡事保持心平氣和，以保平安。

1997 年　丁丑牛　19 歲

今年運氣旺盛，貴人也多，不過因為青春氣盛，騎車、外出不要太招搖，或者暴衝，否則容易會出事，造成身體或金錢上的傷害。

2009 年　己丑牛　7 歲

今年容易因為急躁或者決定上的錯誤，而造成身體上的損傷，照顧的家人要多加留意。

每月運勢　◎吉 ○中 ●凶 △平

○**一月運勢：**本月運勢大致平順，因為今年犯歲破，農曆正月十五前請至廟宇祭解，或者點燈祈福，以保一年安康。

○**二月運勢：**生活節奏規律平靜，能以冷靜的心情來面對事情。在做重大判斷前別忘了聽聽他人的意見，多方考量，才能避免損失。

●**三月運勢：**本月做事方面容易會遭受阻礙，要耐心以對。與情人之間也容易多有口角，感情失和。要小心處理，退一步海闊天空。

◎**四月運勢：**本月份貴人運很強，上個月出現的一些問題，有迎刃而解的可能。財運可能也會有一些進帳，但投資、花用仍要好好規劃。

●**五月運勢：**本月份你的耐性明顯變得比較差，很容易不耐煩，做事衝動。凡事要三思，否則很容易因為下錯判斷，而讓自己蒙受損失。

●**六月運勢：**本月的你很容易因主觀意識太強烈，而與人有所爭執，要小心控制脾氣，以防血光之災。另外你的開銷也變大，財務恐怕會出狀況。

○**七月運勢：**本月回歸平靜，運勢有稍稍回升的跡象，你也可以稍微喘口氣。好好重新調整自己的生活與工作的節奏，也別忘了及時行善喔。

◎**八月運勢：**本月貴人又重新回到你的陣營來了，手上的事情推動起來順利多了，關鍵時刻總有人出手相助。金錢運也很不錯喔。

●**九月運勢：**對於事情太過有自信，行事很容易躁進，沒有深思熟慮的結果，恐怕就會替自己招來災禍。一定要多加小心，以避免血光之災或者破財。

△**十月運勢：**本月份運勢雖然稍微谷底翻升，但還是相對低迷。開車、外出都要多加留意，以防交通事故。凡事謹慎小心，即可化險為夷。

◎**十一月運勢：**運勢好轉，生活步入常軌，想推動的事情，關鍵時刻總有人挺身為你說話。正面能量增強，若有機會多做好事，能帶來更多好運喔。

○**十二月運勢：**本月運勢大致平順，雖沒有上個月精彩，但正好可以休養生息，好好採辦年貨，準備過個好年。

肖虎者運勢

（6、18、30、42、54、66、78、90 歲）

⊙本年運勢：

今年屬虎的朋友，運勢相對來說非常不錯，受到吉星的幫助，在事業上競爭對手比較少，擁有比較多升官加薪的機會，事業運很旺。財運方面也有很不錯的發展，可說是春風得意。

1926 年　丙寅虎　90 歲

吉星高照，凡事都很順遂，心境穩定，可多行善，有助運勢提升。

1938 年　戊寅虎　78 歲

運勢平穩，上半年的發展會稍微受到壓抑，但到了下半年就會有很明顯的改善。

1950 年　庚寅虎　66 歲

春風得意的一年，投資財運旺，也有可能會有事業第二春出現，但要記得財不露白，稍微低調一點運勢會更好。

1962 年　壬寅虎　54 歲

驗收成果的一年，事業上如魚得水，辛苦努力有所成就。但要切記凡事謙虛，以免招惹小人，造成損失。

1974 年　甲寅虎　42 歲

貴人加持，升官加薪的一年，做生意的朋友今年也會有貴人相助，為你帶來好的消息，讓你的事業與財運加分。

1986 年　丙寅虎　30 歲

吉星高照的一年。事業運滿旺的，不論是上班族或創業者，只要按部就班，都會有不錯的成績，

1998 年　戊寅虎　18 歲

運勢平順，在平穩中學習，但要特別注意言語上的表達，容易造成與他人的口角、摩擦，帶來不好影響。

2010 年　庚寅虎　6 歲

受人喜愛的一年，各方面都平順，可以在眾人的疼愛之下，歡喜過一年。

每月運勢　◎吉 ○中 ●凶 △平

○**一月運勢：**屬虎的朋友，這一年在平穩中展開，沒有特別起伏的這個月，最適合好好替未來一年做準備，不管是做計劃或者學習，都是很好的開始。

○**二月運勢：**本月的運勢依然很穩定，受到吉星高照的影響，工作或生活上都充滿正向能量，沒有特別煩心的事情，一切順暢愉快。

○**三月運勢：**本月份行事或者休閒都很順利，心情上比較穩定、開心，可以好好享受良好運勢帶來的好心情，如果遇到需要幫忙的人，也別忘了伸出援手。

●**四月運勢：**本月份要多留意，可能會招惹一些是非，也容易犯小人，做事上面你要盡可能低調，凡事不與人爭，就能順利度過。

◎**五月運勢：**揮別上個月的低迷，本月份在事情的推動上順利多了，貴人運很強，不管遇到什麼問題，都會有人出面來幫你解決。

○**六月運勢：**平安無事之月，凡事只要按部就班，就能做出好成績，擁有人人稱羨的好運勢， 可以好好運用在自我成長的修習上。

●**七月運勢：**本月份你會非常忙碌，但卻有一種做到死也沒有人會感謝的狀況發生。要以冷靜的心情來面對。外出開車要小心，以免發生交通事故。

○**八月運勢：**本月份你稍微能喘口氣了，感覺沒有那麼緊繃，相對平穩的日子，讓你能好好停下來，重新審視自己的生活。

◎**九月運勢：**本月份你的名氣與運勢都大幅提升，財運也很不錯，事業的發展上競爭對手少，可望因此占得有利先機，揚眉吐氣。

△**十月運勢：**本月運勢有破財的可能，投資理財方面要特別注意，開銷也要好好控制。幸好暗中有貴人相助，可望將損失降到最低。

○**十一月運勢：**本月運勢又有回溫，財務問題沒有那麼緊繃，生活的氣氛變得比較輕鬆，凡事只要穩紮穩打，就不會有太大的問題。

○**十二月運勢：**來到歲末年終，依然在好運勢的籠罩之下，心情愉悅，工作順利，在平穩中準備迎來新的一年。

肖兔者運勢

（5、17、29、41、53、65、77、89 歲）

⊙本年運勢：

屬兔的朋友今年需要特別注意的是意外災害所帶來的血光之災。外出要多注意交通安全，出外旅遊或者洽公都要特別留意自身安全，以避免受到傷害。

1927 年　丁卯兔　89 歲

今年貴人運很好，在家庭方面能受到很大的幫助，為你帶來和樂的家庭關係，心情也跟著愉快起來。

1939 年　己卯兔　77 歲

要特別注意健康的問題，建議農曆正月十五以前去廟裡制白虎星，平日裡也要多多休養生息。

1951 年　辛卯兔　65 歲

今年貴人運特別強，做事順利，財運也相當不錯，事業運容易因為貴人的幫助而有很好的成績。

1963 年　癸卯兔　53 歲

今年情緒上容易有起伏，待人處事上記得盡量不要與人爭吵，凡事以和為貴，才能讓運勢平順。

1975 年　乙卯兔　41 歲

乙卯兔在今年可以說是「幸福之兔」，與長輩上司可以同心，與晚輩下屬也可以相處融洽，會因為貴人的扶助，讓財運與事業運都能加分。是大有發展的一年。

1987 年　丁卯兔　29 歲

貴人運很旺，財運跟事業都會因此加分不少，只要好好把握機會，你的努力與學習，在今年內都會看到成果。

1999 年　己卯兔　17 歲

今年要特別注意防血光或意外傷害，特別是交通與出外旅遊時要特別注意安全。

2011 年　辛卯兔　5 歲

運勢各方面還不錯，會受到很多長輩的疼愛，但要特別小心因跌倒而造成受傷。

每月運勢　◎吉 ○中 ●凶 △平

○**一月運勢：**本月運勢平平，一年之初，記得在農曆正月十五到廟裡去祭白虎，以化解凶星帶來的不好運勢。

○**二月運勢：**本月運勢不錯，你也因此能擁有好心情，工作、感情各方面都能平順的發展。有時間可以多與朋友聚會，也許能打聽到許多好機會。

●**三月運勢：**本月要特別注意與周遭親友的互動，可能會有遭受朋友扯後腿，或者與情人意見不合，產生爭端的情形。凡事三思，理性面對，可降低損害。

○**四月運勢：**本月運勢較為提升，你也可以趁機多休養生息，好好沈澱自己的心靈。另外也可以多安排學習的活動，提升自己的實力。

●**五月運勢：**本月容易與人起爭執，尤其感情上要注意口角爭端，一不小心可能會導致感情破裂，要多加小心。

◎**六月運勢：**本月貴人運強，不管做什麼都很順利，財運也很不錯，過去的投資，或者還沒有收回來的帳款，可望順利入帳。

○**七月運勢：**本月的運勢依然在高檔，可以趁機將想要推行的事項，一鼓作氣地完成。也要記得多行善事，為自己積累福德。

●**八月運勢：**本月雖然異性緣不錯，但卻容易有心性不定的狀況，小心引來桃色糾紛。另外也要注意慎防意外血光。

○**九月運勢：**本月運勢有所提升，整體而言也比較穩定，你能重新審視自己的感情與交友，找到自己的方向。

◎**十月運勢：**本月運勢很旺，讓你容易成為眾人的焦點，名氣與財運都大增，可謂春風得意。記得還是要謙虛為懷，才能廣結善緣喔。

●**十一月運勢：**本月份你容易脾氣火爆，待人處事也會有沒禮貌的情況產生。要多留意自己的脾氣，以免無意間破壞了許多潛在的好人脈，得不償失。

○**十二月運勢：**本月運勢又趨於平穩，擺脫了上個月的火爆與煩躁，你終於能靜下心來，為自己在歲末年終做個總體檢，做為來年進步的動力。

肖龍者運勢

（4、16、28、40、52、64、76、88 歲）

⊙本年運勢：

屬龍的朋友今年的運勢很不錯，貴人很多，行事上很容易受到許多幫助，讓你能順利推動。但待人處事上還是要記得保持謙遜，並且要持續的多行善事，就能讓你的好運勢不斷加分。

1928 年　戊辰龍　88 歲

今年要特別注意健康問題，財運上也可能有損失，建議在農曆正月期間去廟宇間走走，增強自己的運勢。

1940 年　庚辰龍　76 歲

今年運勢不錯，貴人加分不少，事業、財運上都能帶來好的影響，不過農曆八月過後，運勢有下降的情形，建議能多行善，以增加福報。

1952 年　壬辰龍　64 歲

今年有可能會受到他人鼓吹，而有想要投資的欲望，但建議你在今年盡量避免，因為成果可能沒有表面上看來那樣好喔。

1964 年　甲辰龍　52 歲

貴人運旺盛，經常會暗中受到貴人幫助，讓做事各方面都很順暢，如果平常樂於助人，下半年度則會有更多加分。

1976年　丙辰龍　40歲

今年事業運很旺，財運也不錯，整體運勢算是相當好。但要特別注意滿招損，要記得謙和待人，避免與人爭執。

1988年　戊辰龍　28歲

今年貴人運不錯，在關鍵時刻都會有貴人來幫助，而讓你一整年的運勢都能很平順。

2000年　庚辰龍　16歲

今年貴人多，運勢上表現得不錯，但容易因此而過於驕傲，跟同學與老師有口舌爭執，這點要特別注意。

2012年　壬辰龍　4歲

今年的運勢平順，中上，沒什麼太大問題。但如果有錢放在身上，會容易遺失，所以有紅包的話記得交給父母保管。

每月運勢　◎吉 ○中 ●凶 △平

○**一月運勢：**屬龍的朋友一開年就有不錯的運勢，感覺事事都很平順，可以趁著過年期間到各大廟宇參拜，讓自己的好運更加提升。

●**二月運勢：**本月份運勢下降，可能有金錢上損財的情況發生。投資理財要多加考慮，外出時財物也要小心，以免荷包失血。

●**三月運勢：**本月份你可能會有堅持己見，固執的狀況發生，要盡量保持謙虛的態度，以免與人起衝突，做事情也要注意，不要虎頭蛇尾喔。

○**四月運勢：**本月的運勢有所提升，不管心情或者做事上面，情況都明顯的舒緩了。可以趁此機會調整腳步，有機會也別忘了行善積德喔。

○**五月運勢：**本月份運勢平平，沒有大起大落的日子，平安就是福。有機會多對有需要的人伸出援手，多做好事，運勢自然就會大大提升。

△**六月運勢：**本月份吉凶參半，凡事只要多加小心，平常樂於助人，在關鍵的時刻就會有貴人出手協助。

◎**七月運勢：**本月份運勢佳，再加上今年的貴人運非常好，做什麼事情都會有人暗中幫助你，金錢運方面也有很不錯的表現。

◎**八月運勢：**本月延續上個月的好運勢，各方面都很順遂，但不要過度得意忘形，謙遜的態度才能維持不墜的好運勢喔。

●**九月運勢：**本月你的個性會變得比較衝，不服輸，容易招惹爭端，尤其要注意跟情人間的衝突，隨時記得退一步海闊天空。

○**十月運勢：**本月運勢回穩，你心裡的壓力暫時可以放下，心情輕鬆愉快，可以多花點時間跟家人、情人培養感情，享受天倫。

◎**十一月運勢：**本月份你的貴人運特別強，不管做什麼都有人會來幫忙，讓事情順利推動，讓你心情非常愉快，先前的投資理財，此時可能也會有不錯的回饋。

●**十二月運勢：**本月份，有一些事情會讓你心煩，進而與別人有口舌爭吵，要控制自己的情緒。外出行車也要小心，以避開血光之災。

肖蛇者運勢

（3、15、27、39、51、63、75、87 歲）

⊙本年運勢：

屬蛇的朋友今年運勢持平，只要一步一腳印，就能夠有所成就。唯獨要特別注意防範血光意外，外出不管行車或者走路，做任何事情都要多花一份心，小心注意，避免傷害。

1929 年　己巳蛇　87 歲

今年度要特別注意健康問題，容易有開刀、跌倒受傷的問題，建議農曆正月十五以前去廟裡制天狗星以化解。

1941 年　辛巳蛇　75 歲

今年運勢整體而言堪稱平順，要特別注意安全上的問題，尤其是突發狀況所帶來的受傷，參加戶外活動、旅遊、行車都要特別小心。

1953 年　癸巳蛇　63 歲

今年要言行謹慎，否則容易招來小人。情緒上不要有太大起伏，尤其注意不要逞口舌之快，這樣就能降低負面的影響。

1965 年　乙巳蛇　51 歲

今年堪稱春風滿意、事業順利，財運也很好。今年也非常忙碌，所以要注意如果有小毛病，一定不要輕忽，否則會有開刀、受傷的機會。

1977 年　丁巳蛇　39 歲

今年貴人運很好，你的努力也很容易被人看見，但心情上要稍微放輕鬆，才不會工作壓力過大，造成健康問題。

1989 年　己巳蛇　27 歲

今年要特別注意血光之災，因為在組合上有受到刑剋，發生的機率就比其他人大，因此凡事都要小心，避免跌倒、受傷等意外發生。

2001 年　辛巳蛇　15 歲

今年的運勢不錯，學習上如果好好規劃將會有不錯的成績，體能上也可以多加鍛鍊，只是要小心過程中不要受傷了。

2013 年　癸巳蛇　3 歲

運勢上不錯，但要注意飲食上所帶來的健康問題。

每月運勢　◎吉 ○中 ●凶 △平

●**一月運勢：**本月份要小心犯小人的問題，各方面可能沒有那麼順利，農曆正月十五日之前，到廟宇中祭天狗，以化解凶星。

○**二月運勢：**本月的運勢大致平順，先前小人作亂的情形也已經緩解，但交通或者行事還是要多一份心眼，以避免招來血光意外。

○**三月運勢：**本月份相對的在心情上面比較放鬆，工作的壓力也變小了，你會有更多的時間來與家人相處，幾次愉快的聚會，能拉近你們的距離。

○**四月運勢：**本月份的運勢沒有太大起伏，你可以趁機參加一些課程，學習工作相關的技能，或者鍛鍊身體，強化健康也是很好的選項。

○**五月運勢：**本月份你可以重新檢視自己的工作或者家庭，好好整頓與規劃，對於下半年的開展會很有幫助。

○**六月運勢：**本月份運勢大致平順，你的心情也相對的輕鬆愉快，有空的時候可以去參加志工，多多幫助別人，有助於運勢的提升。

△**七月運勢：**本月份相對而言，運勢就比較低落一些，雖有吉星的幫助，會有暗貴人出手相助，但對於自身的安全，以及金錢方面仍要多加注意。

◎**八月運勢：**本月的運勢很明顯地提升不少，做事各方面都有人會來幫助你，金錢運也明顯變好了，讓你春風滿面。

○**九月運勢：**本月運勢雖沒有上個月那麼強勢，但也算平順。凡事只要按部就班，就能得到不錯的成果，加上謙遜的態度，讓你更順遂。

●**十月運勢：**本月你需要注意自己的言行，不要逞口舌之快，當心會禍從口出。行事盡量低調，不要太好辯，以免樹敵壞事。

○**十一月運勢：**本月你會感覺比較輕鬆愉快，上個月出現的爭執，可望有解套的機會。過去做過的莽撞事情，現在則是收拾後果的好時機。

◎**十二月運勢：**年關將近，你的運勢也水漲船高，凡事有人罩你，還有可能會有不錯的年終進帳，可以過個好年啦。

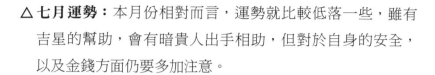

肖馬者運勢

（2、14、26、38、50、62、74、86 歲）

⊙本年運勢：

屬馬的朋友，今年要特別注意身體的健康問題。小病不要輕忽，以免釀成嚴重後果。平時要多運動、注意飲食，如果非必要，探病、弔喪事宜都要盡量避免。

1930 年　庚午馬　86 歲

財運順遂，各方面都不錯，但身體上可能會有些小毛病，探病、喪事要盡量避免參加。

1942 年　壬午馬　74 歲

要特別注意健康，避免小事變大事。如果出現了一些小病癥，千萬不可以輕忽，一定要趕快到醫院去檢查，以免釀成大病。

1954 年　甲午馬　62 歲

運勢很不錯，事業運與貴人運都很旺盛，這是很有發揮的一年，如果能投入更多的精神，集中在事業上，將會有很好的發展。

1966 年　丙午馬　50 歲

今年的貴人運很旺，雖然你的財務上還是會感到有壓力，但因為有貴人相助而讓財運有所改善，辛苦努力會有回報。

1978 年　戊午馬　38 歲

今年度要注意病從口入，容易因為工作忙碌而忽略了飲食的時間、飲食的內容，而因此造成身體上的問題。

1990 年　庚午馬　26 歲

今年在事業工作上很投入，是披荊斬棘、開創性的一年。但你可能會因為衝刺事業，壓力過大或過度投入，而忽略了健康的問題，要特別小心。

2002 年　壬午馬　14 歲

今年的你正值青春期，身體心理上都會有一些變化，要注意青春期帶來的鬱悶，造成身心上的問題，建議你多到戶外走走，會有助於紓解。

2014 年　甲午馬　2 歲

今年的運勢非常好，得眾人寵愛，但身體上會有一些小毛病，小心注意就不會有太大問題。

每月運勢　◎吉 ○中 ●凶 △平

◎一月運勢：一開年就有個好運道，也暗示著過年紅包滿可觀的喔。但小心過年的歡樂，不要過度熬夜或者吃太多，以免影響身體健康喔！

●二月運勢：本月運勢比較不佳，要特別小心。尤其是有身體上的病痛，不要因為很小而不去注意，否則可能會因此破財喔。

○三月運勢：本月份運勢平平，適合好好修身養性。趁機調整自己的作息，可望擁有不錯的睡眠，也能找到一些令自己愉快的小娛樂，心情愉快。

○四月運勢：本月運勢相對平順，之前身體的不舒服，可望有所改善。你跟家人的互動也變得頻繁，一些棘手的家務，也可以趁此時好好處理一番。

●五月運勢：本月份很明顯的你會感到鬱悶，心中有一些話無法對人訴說，無端的憂愁困擾你，也讓你變得沒耐心。建議你好好調節情緒，以免悶出病來。

◎六月運勢：本月受到吉星的影響，運勢很旺。先前遇到的問題，都能受到貴人有意無意的幫助，心中困擾、鬱悶的事情，也能迎刃而解。

○七月運勢：本月運勢沒有太大起伏，只要延續平日做事的步調，就不會有太大的問題。身體微恙的人，遵照醫生的指示、放寬心，就能夠有進步。

○八月運勢：本月延續前兩個月的好運，心情上比較輕鬆。感情各方面都很順暢，有機會也可以來個小旅行，增添生活中的愉快色彩。

◎九月運勢：本月金錢運很旺盛，適合做一些理財投資的規劃，評估的過程也會有貴人來指點。當然投資時要量力而為，用最安全的方式來理財。

○十月運勢：本月運勢平平，有利於處理人際間的問題，對於需要溝通的工作，可以在此時做好規劃，腳踏實地的進行，相信會有好成果。

●十一月運勢：本月份你的脾氣比較衝，可能別人的一句話，你的火氣就上來了。建議你要控制一下自己的情緒，以免損害人際關係。

●十二月運勢：本月份還是容易有沒耐性、脾氣火爆的狀況，也許年關將近有很多事物讓你煩心。建議你遇到事情先深呼吸，整理情緒後再行動，以免氣壞身體又損財。

肖羊者運勢

（1、13、25、37、49、61、73、85 歲）

⊙本年運勢：

屬羊的朋友，今年犯太歲，俗話說：「太歲當頭坐，無災恐有禍。」在這犯太歲的一年當中，各方面都要特別注意，凡事低調，態度謙遜，不與人爭，才能趨吉避凶。

1931 年　辛未羊　85 歲

今年度可說運勢很不錯，尤其投資運很好，不管自己操作或交由家人來代勞，都會有不錯的成果。只是要特別注意意外帶來的傷害。

1943 年　癸未羊　73 歲

太歲當頭，不適合投資、動土，裝潢、建屋、賣房都盡量不要，容易造成金錢上的損失。

1955 年　乙未羊　61 歲

充實的一年。今年你可以從朋友那邊獲得對你有幫助的意見，特別是在規劃未來的退休或者事業第二春的部分，隨時保持活力，多跟朋友互動，會有很大的幫助。

1967 年　丁未羊　49 歲

今年貴人運不錯，凡事順遂。事業、感情、財運都不錯，只是凡事要低調，做決定時要多聽、多看，就能好運連連。

1979 年　己未羊　37 歲

今年要特別注意太歲的影響，避免逞凶鬥狠、過於急躁或跟人有意氣之爭，行車交通要特別注意，一定要去安太歲，以降低影響。

1991 年　辛未羊　25 歲

今年運勢很旺，特別是事業上，今年會看到成果。但要注意不要急躁，小心低調，記得欲速則不達。

2003 年　癸未羊　13 歲

因為時值青春期，容易衝動，想衝、想跑得比別人快等等，所以要特別記得凡事多考慮，看清楚再行動。

2015 年　乙未羊　1 歲

今年的運勢不錯，只是在照顧的過程中會有一些問題，要特別注意，除此之外一切順遂。

每月運勢　◎吉 ○中 ●凶 △平

○**一月運勢：**本月運勢尚稱平順，可以利用年假期間，到各大廟宇拜拜祈求好運，農曆正月十五前要記得安太歲，以趨吉避凶。

◎**二月運勢：**本月運勢有貴人扶助，不管事業或者感情上，都能夠很順遂。金錢運也不錯，能有很好的進帳，只是太歲之年，凡事低調一點，就能延續好運。

○**三月運勢：**本月運勢平平，工作或生活上，沒有什麼困擾你的事情。可以趁此較悠閒的時間，多行善事，能為自己的好運加分喔。

○**四月運勢：**本月運勢大致平吉，可以跟三五好友聯繫、聚會，或者多花點時間陪陪家人，能讓家庭的氣氛更加融洽喔。

◎**五月運勢：**本月你的事業運不錯，有一些好的點子、企劃，端出來都能有暗貴人為你踢上臨門一腳，讓你心情大好，事業也有不錯的進展。

○**六月運勢：**本月運勢持平，這段時間適合學習，安排進修的活動。但記得凡事都要低調，不要太高調喧嘩，以免引來不必要的紛爭。

○**七月運勢：**本月運勢延續前幾個月的穩定，在平凡裡你更能體會幸福的滋味。建議你可以放慢生活的步調，關照自己的內心，對未來的發展，都有很好的幫助。

○**八月運勢：**本月運勢沒有太大起伏，但你可以多多花時間在關心自己的健康，去參加一些運動課程鍛鍊身體，是很不錯的活動。

●**九月運勢：**本月份你的主觀意識比較強，講話比較衝，會跟人有衝突。金錢方面開銷也變大了。要特別注意多聽多看別人的想法，不要太堅持己見，才能趨吉避凶。

◎**十月運勢：**本月份運勢站到你這邊來了，你容易獲得別人的幫助，讓事情順利進行。上個月較大的開銷，也可望有機會可以補回來，金錢運佳。

●**十一月運勢：**本月份你容易有犯小人的情形，別人的幾個小動作，可能就會讓你一氣之下離職。建議你要冷靜思考，三思而後行，以免後悔莫及喔。

●**十二月運勢：**本月份你容易有太過自信的情形，但事情可能不如你的預期，你也會因此遭受挫折。凡事要保持謙遜，太過自信也會讓你有損財的可能喔。

肖猴者運勢
（12、24、36、48、60、72、84 歲）

⊙本年運勢：

屬猴的朋友，今年運勢不錯，特別是男性朋友很容易受到異性的青睞，感情與事業都能有不錯的發展，不過女性朋友就要小心，與人交往要保守為宜，以防遇到爛桃花而受害。

1932 年　壬申猴　84 歲

本年度人緣很好，特別會受到異性的青睞，讓你心情很好。但也要注意，可能會因為異性而有金錢損失喔。

1944 年　甲申猴　72 歲

人際關係非常旺盛，人緣非常好，在公共場合會有很多人主動來跟你攀談，社交方面的表現有很大的加分。

1956 年　丙申猴　60 歲

今年是很受到重視的一年，特別是男性朋友，可以把握機會好好發揮，事業會有很好的進展。女性朋友今年的重心在家庭，不要太熱中社交。

1968 年　戊申猴　48 歲

男性朋友在今年度裡，會突然間魅力大增，只要好好運用自己的好桃花運，對事業會很有幫助。女性朋友則要小心爛桃花，以免受騙。

1980 年　庚申猴　36 歲

今年男性朋友感情事業兩得意，工作上特別容易受到女性上司、客戶的欣賞。女生則要防爛桃花，今年比較不適合談新戀情。

1992 年　壬申猴　24 歲

今年男性朋友有機會在今年能找到好對象，有結婚打算的人，今年也是個不錯的機會。女性朋友今年遇到爛桃花的機率大，要小心，但其他各方面的表現都很不俗。

2004 年　甲申猴　12 歲

今年度人氣很旺，但要記得凡事要謙虛，不要得意忘形，才能讓你的生活與學業都有很大加分。

每月運勢　◎吉 ○中 ●凶 △平

●**一月運勢：**一開年運勢就需要特別注意。這個月你會很忙碌，被一些事情纏住，心理壓力比較大，另外，外出行車要小心，容易有交通意外，要特別注意。

○**二月運勢：**本月運勢稍微上揚，忙碌的狀況已經趨緩，你心裡的壓力也減低不少。可以為自己安排一些休閒活動，好好休息一下。

◎**三月運勢：**本月份你的貴人運很強，金錢運也非常好。適合規劃理財、投資相關的活動。如果是男性朋友，可能會有異性貴人為你帶來好消息。

△**四月運勢：**本月吉凶參半，雖然不至於受到太大的損失，但凡事仍要小心為宜。特別是女性朋友，要多注意避開爛桃花的侵擾。

○**五月運勢：**本月運勢你做起事來很得心應手，事業上成績不俗，男性朋友特別容易獲得女性上司或客戶的欣賞，趁機好好表現，將能加分不少。

○**六月運勢：**保持良好的身體狀態，是做任何事的基礎。在尚稱平順的月份，沒有太多壓力的情況下，為自己安排規律的生活與運動，能讓你累積將來衝刺的資本。

○**七月運勢：**本月份你的心情是釋放的，也越來越懂得生活。男性朋友在吉星照耀下，將能夠有不錯的桃花運，可望找到好對象。不過女性朋友就要慎防爛桃花囉。

○**八月運勢：**本月份的基調依然是平順，也因此你可以放寬心，好好經營家務與人際關係。多些時間與家人相處，能增加你們的親密感，也能讓你衝刺事業無後顧之憂。

△**九月運勢：**本月份吉凶參半，凡事要多加謹慎。特別是男性朋友，對於突然接近的異性要多加小心，以免豔福沒享到，反而因爛桃花受害。

●**十月運勢：**本月份你會被小人困擾，做起事情來，感覺都有人在扯你後腿，是非也很多。凡事要盡量保守忍耐，以免招來災禍。

◎**十一月運勢：**本月份你的運勢一脫上個月的低迷，又重新站上萬人迷的舞台。很多人會主動對你伸出援手，讓你的事情進行順利，財運也跟著好起來，如魚得水。

○**十二月運勢：**本月運勢依然不錯，年關將近可望得到不錯的年終回饋，讓你心情飛揚，帶著愉快的心情，迎向下一年的開始。

肖雞者運勢

（11、23、35、47、59、71、83 歲）

⊙本年運勢：

屬雞的朋友，今年要特別注意健康狀態，身體的狀況在健康的邊緣，熬夜或者暴飲暴食等狀況都要盡量避免，除非必要，避免去醫院探病或者參加喪事等。

1933 年　癸酉雞　83 歲

在今年裡要特別注意健康問題，可能一點小毛病就會讓身體產生很大的問題，喪事或者探病最好盡量避免。

1945 年　乙酉雞　71 歲

今年的運勢不錯，可以多參加朋友的聚會，特別是如果能夠相約去運動，對你的健康會有很大幫助。

1957 年　丁酉雞　59 歲

今年度工作只要如常進行，細節中多注意，一切就會順遂，不管是精神層面或財運上也都能獲得成就感。

1969 年　己酉雞　47 歲

本年度裡要特別注意身體健康，探病、喪事盡量不要參加，飲食方面也要多加注意，好好關照自己的身體，是你今年的課題。

1981 年　辛酉雞　35 歲

今年運勢可說是如魚得水，財運很旺，有很多賺錢的機會。但可能會因為衝刺過頭，太累或者壓力太大，建議你要放慢腳步，多注意健康問題。

1993 年　癸酉雞　23 歲

今年你會很衝、很拚，所以調整工作上的步伐，是你要特別注意的地方，吃東西要注意均衡、少吃油炸食物，才能保持健康。

2005 年　乙酉雞　11 歲

今年人際上的反應很兩極，因為活潑好動容易獲得同儕的相助，但也可能會因此而得罪同學朋友。如果能多參與戶外活動，對你的運勢會有加分。

每月運勢　◎吉 ○中 ●凶 △平

○**一月運勢：**運勢平穩的這個月份，可趁著過年期間到處走春，為自己的運勢加分。另外農曆正月十五前，記得到廟裡祭解，以化解凶星的負面能量。

●**二月運勢：**本月份你做事很有衝勁，但有時會有過於衝動的情形，反而讓事情的進展受到阻礙。建議你凡事進行前要多想想。

◎**三月運勢：**本月份的運勢很不錯，先前卡住的事情，或者身體上出現的小狀況，都可望在貴人的相助下，一一排除。

◎**四月運勢：**本月依然是運勢旺盛，事物都進行得很順利，你會獲得同儕或親人的幫助。用平常心去面對，放開胸懷，就能獲得水準之上的成果。

○**五月運勢：**本月運勢平順，沒有特別起伏的這段時間，適合用來好好重頭檢視自己的身體健康，安排時間做個體檢也是個不錯的想法。

○**六月運勢：**本月運勢平吉，你能在工作中找到樂趣，生活上也變得比較容易享受，可以適時地放慢腳步，對於身心都會有很好的提升。

○**七月運勢：**本月份運勢不錯，凡事只要依照平常的步驟，如實的進行，就能有不錯的成果。可以多花一些時間在相關事務的學習上，能為你帶來更多的好運。

●**八月運勢：**本月份你會變得比較雞婆一點，會有多管閒事的狀況，如果是仗義執言當然很好，但凡事還是要量力而為，以免主持正義不成，反而帶來許多煩惱。

●**九月運勢：**本月份你容易被人拖累，還有被好朋友扯後腿的可能，經常搞得你哭笑不得。跟情人間的相處也會出現問題，凡事低調保守，就能降低運勢帶來的影響。

△**十月運勢：**本月份吉中帶凶。做事情要特別小心，身體健康也不可輕忽，工作上要做適度的休息，避免熬夜，注意飲食，以免損害身體健康。

●**十一月運勢：**本月份做起事情來感覺不太順利，經常談好的事情，最後又有變卦，不如預期。有重要的提案或者決定的事項，盡量避開在本月進行，會比較順利。

◎**十二月運勢：**本月運勢大幅提升，上個月不順利的事情，現在可望有長官或熱心的朋友來幫你排解。你的收入也很不錯，可望能過個好年。

肖狗者運勢

（10、22、34、46、58、70、82 歲）

⊙本年運勢：

屬狗的朋友，今年運勢也滿不錯的，尤其是女性的朋友突然間身價大好，獲得異性的青睞，感情順遂，工作也有很多異性貴人的幫忙。但相較之下，屬狗的男性朋友，則要注意預防爛桃花喔。

1934 年　甲戌狗　82 歲

今年度女性的朋友運勢很旺，但男性的朋友要當心金錢的損失，所以投資、花費都要特別小心。

1946 年　丙戌狗　70 歲

今年人氣很旺，貴人很多，可以多參加社交活動，做運動、打太極拳、爬山等，多與人互動，可以提升運勢。

1958 年　戊戌狗　58 歲

女性運勢很不錯，但男性朋友要特別小心，事業上盡量保守，維持平穩就是最好，切勿強出頭或太勉強自己，否則反而會造成損失。

1970 年　庚戌狗　46 歲

今年貴人運不錯，特別對你的事業運有很好的幫助，女性朋友更是特別旺。男性朋友只要小心爛桃花，就不會有太大問題。

1982 年　壬戌狗　34 歲

今年陰盛陽衰，女性在各方面都很旺，事業會有很多助力。而男性則要特別注意，尤其異性交往容易碰到爛桃花，並且會造成金錢損失，今年也不適合結婚。

1994 年　甲戌狗　22 歲

今年女生很容易獲得異性貴人的助力，各方面都有很好的進展。男性朋友只要保守、守成就算是成功。

2006 年　丙戌狗　10 歲

今年在同儕裡人氣很高喔！如果再加上謙虛的態度，更能贏得眾人的喜愛，讓你心情很愉快。

每月運勢　◎吉 ○中 ●凶 △平

◎**一月運勢：**一開年就有一個很好的開始。尤其是女性朋友更是吉星高照，不僅桃花運走強，事業與財運也都很不錯喔。

◎**二月運勢：**本月運勢依然非常旺，可以趁勝追擊，想做的提案或者投資理財的計畫，都可以大膽地提出來，會有貴人來幫助你實現。

●**三月運勢：**本月份要多加注意自己的財務狀況，有可能會有比較大的開銷，或者投資上也會有許多不利因素，導致損財的狀況，要多加小心。

○**四月運勢：**本月運勢平吉，擺脫上個月的不順遂，你能明顯得感覺到，事情變得比較順利一點，心情也較為開朗，可趁機好好放鬆一下。

◎**五月運勢：**本月運勢很強，你可能突然間身價水漲船高起來，走到哪裡都受人矚目，讓你春風得意，金錢跟事業也跟著有很好的發展。

●**六月運勢：**本月份運勢低迷，做起事情來很容易遭遇不順。進行中的案子可能會被阻撓或者破壞。要多點耐心跟小心，及早做好預防措施，以免措手不及。

○**七月運勢：**本月運勢擺脫上個月的陰霾，趨於平順，讓你終於能夠休養生息，從壓力中暫時解脫。凡事只要低調保守，就能安然度過。

●**八月運勢：**本月份你跟朋友間的相處要小心，有可能會被對方扯後腿。身邊也經常有小人環伺，進行任何事情都不要太過張揚，保持謙遜，才能趨吉避凶。

○**九月運勢：**本月運勢有所提升，讓你有機會可以重新檢視人際關係。如果先前有誤會的部分，也可望能夠冰釋。

○**十月運勢：**本月運勢平平，沒有大起大落的日子，趨吉避凶的最佳方法，就是凡事按部就班，女性朋友可望因男性友人的幫助而獲利，男性朋友則要小心爛桃花。

○**十一月運勢：**本月運勢不錯，你也能有不錯的好心情。女性朋友可望桃花朵朵開，但要慎選對象，切勿腳踏多條船。

●**十二月運勢：**本月份你容易有剛愎自用的情形發生，不聽別人言，太過有自信，小心反而可能招來損失。要注意控制自己的情緒，凡事多聽多看，不要一意孤行。

肖豬者運勢

（9、21、33、45、57、69、81 歲）

⊙本年運勢：

屬豬的朋友，今年要特別注意財務的問題。舉凡投資理財，各種與今年有關的活動，都要多加小心，也要仔細過濾各種消息，不要貿然衝動投資，以免受害，也要注意開銷，以免破財。

1935 年　乙亥豬　81 歲

今年行事要保守，盡量不要投資，否則很容易遭遇損失。花費上也要多加控制，是容易有很多開銷的一年。

1947 年　丁亥豬　69 歲

這個年份裡你會有想要開啟事業第二春的心情，因而很想做一些投資，但流年上來說並不適合，建議盡量保守以免破財，反倒在修身養性上會有很好的進展。

1959 年　己亥豬　57 歲

今年投資容易有損失，越想理財，但財卻越不想理你，也容易聽信小道消息而破財，所以凡事要小心，建議農曆正月 15 日前去廟裡制五鬼來化解。

1971 年　辛亥豬　45 歲

今年貴人運很旺，但小人也很多，不要隨意聽信傳言而貿然投資，很容易因此做出錯誤的判斷而損失，要多加小心。

1983 年　癸亥豬　33 歲

今年小人環伺，小人特別多，要多加注意小人所帶來的金錢與健康的損失，一定要記得去制五鬼，才能降低影響。

1995 年　乙亥豬　21 歲

今年容易因為想要做大而有損失，反而要記得腳踏實地，努力平實的工作，會有不錯的成績。記得不要眼高手低，保守最好。

2007 年　丁亥豬　9 歲

今年只要努力，就會有加分。另外要特別注意不要與人爭，就不會有太大問題。

每月運勢　◎吉 ○中 ●凶 △平

○**一月運勢：**一開年運勢尚稱平順，可以趁著農曆正月十五前，到廟裡祭五鬼。將能避免凶星帶來的壞運，逢凶化吉。

◎**二月運勢：**本月你的財運會提升，資金變得充裕，讓你的心情也跟著好轉起來。貴人運也很不錯，生活的滿意度大大提升。

○**三月運勢：**本月運勢平平，可以韜光養晦，好好運用這段較為輕鬆的時間來學習、進修，對於看到了一些很不錯的消息，要仔細過濾，以免受騙上當。

●**四月運勢：**本月份你很愛逞口舌之快、好辯，讓人難以親近，這樣對你的人際關係可是會造成阻礙的喔，要特別注意。另外，外出時也要小心交通，避免意外發生。

○**五月運勢：**本月運勢有所提升，但仍然要防止胡亂聽信別人的說法，而輕易投資，這樣可是會讓你的破財機會大大提升喔，千萬小心。

◎**六月運勢：**先前困擾你的事情，在本月份可望有貴人出手來幫你解決，讓你鬆了一口氣。投資上可能有些回饋，財務上有活水源頭來。

●**七月運勢：**本月份可能有小人環伺的情形，大家都想要抓住你的小辮子，讓你壓力很大。平時要多注意人際關係的經營，盡量保持謙虛的態度，自然能降低危害。

○**八月運勢：**本月運勢回溫，小人的情形減緩，你終於能喘口氣。最好重新檢視一下身邊的狀況，有機會也要多做好事，對於運勢能夠有一定的提升。

○**九月運勢：**本月延續上個月的平順運勢，沒有太多令你煩心的事情，日子過得尚稱愉快。只要按部就班來行事，就不會有太大問題。

●**十月運勢：**本月份你會覺得有些鬱悶，很多事情無法向人訴說，或者不知從何說起。建議你要適時地抒發，去跑跑步、多運動會有所幫助。

○**十一月運勢：**本月你的運勢回穩，可以利用這段時間，重新來檢視你的生活與工作各方面。積極進行整頓，給自己帶來一些新的氣息。

○**十二月運勢：**本月運勢平平，年關將近，你可以多花一些時間在過年各種事物的準備上。放鬆心情，準備好好迎接新的一年。

乙未年命名大全

Chapter 2

姓名學概述

漢字是相當獨特的一種文字，與西方字母不同，漢字是由一筆一畫構成的方塊文字。一個方塊字裡頭，不僅有「象」、有「數」、有「音」也有「義」，亦即《說文解字》提到的：「象形、指事、會意、形聲、轉注、假借。」

從姓名學的角度來說，八字走的是先天命，名字走的是後天運。漢字中的每一個部分都與陰陽五行有所呼應。所以在中國古代，人們便會利用漢字來占卜吉凶禍福，可見漢字不只是單純的文字，更包含著無數的資訊與深意。因此運用在名字上面，對於一個人的影響之大，就不得不謹慎。名字的好壞，關係一個人一生的事業、婚姻、健康乃至親子關係的優劣。

傳統姓名學認為姓名的組合，要考慮許多面向，包括字義、屬性組合、三才、五行、筆劃、生肖、甲骨、八字……要判斷一個人的姓名是否適合，對運勢是否有加分，有兩個重要的步驟：

1 **先排出正確的姓名筆劃。**

2 **針對人格、地格、外格、總格的筆劃來判斷。**

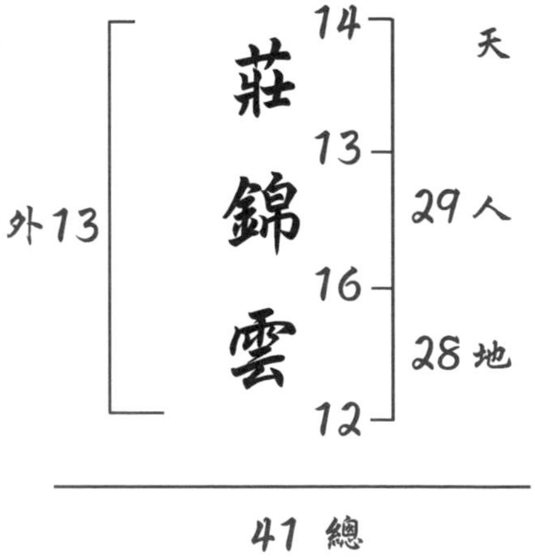

乙未年出生者命名注意事項

適合的部首

「甲」「乙」「壬」「癸」的部首。

今年是乙未年，天干乙屬木，所以如果配甲木，那代表有助力，適合用甲的部首。乙是蔓藤，代表有樹木就可以攀高，也是適合的部首。第二，水生木，因此屬水的壬、癸的部首，也會助旺到今年出生者屬木的本命星。而這四個的排序中，以甲字部首為加分最多、乙字部首加分最少。

「兔」「卯」「豬」「亥」的部首。

今年是乙未年，地支屬未，生肖為羊。基本上，兔與豬跟羊在生肖上形成三合的格局，三合主貴人、帶財運，這些部首用在不同的位置上都能有特別多的加分。

「草」「木」「禾」「豆」「米」的部首。

這些都是羊的主要或次要糧食，對於運勢的加分較多。使用草的部首，對讀書方面的運勢會有幫助，意味著學識淵博、富貴崢嶸。豆、米則代表容易名利雙收、安享清福。木、禾則能讓屬羊者多才多藝。

「金」「白」的部首。

古人認為有金、有白，對屬羊者來說，也能帶來好的運勢，能夠操守廉貞、重義信用。

「田」的部首。

羊在古代不屬於耕作用的動物，不像馬到田裡就是要耕作，因此忌諱用田的部首。但羊在田裡有東西吃，古人在收割完之後，有一些稻草或者是掉落的稻穗，會讓羊在田裡放牧。因此，田字的部首，對屬羊者來說代表有東西吃，對運勢會加分。

「馬」「午」的部首。

馬跟羊在生肖上屬於六合，主貴人，比較有幫助或提攜的作用。

「人」的部首。

羊跟兔子一樣，比較得人疼愛，所以取名採用人的部首會加分，表示人氣高、得人疼。

不適合的部首

「庚」「辛」的部首。

今年的天干為乙，乙屬木為蔓藤，傳統上講披荊斬棘，蔓藤類怕金屬，而庚、辛都屬金，因此相剋性最大，尤其是庚的部首代表刀劍斧頭，是大凶。辛的部首是指金屬例如金子，是小凶，基本上都不適合使用，會有減分的效果。

「牛」「丑」「狗」「戌」「子」「鼠」的部首。

今年的地支為未，生肖屬羊。十二生肖有刑沖破害的關係，其中影響最大的是正沖。羊跟牛是既刑又沖。羊與牛是十二生肖中擁有角的兩個動物，正沖即如二虎相爭必有一傷，大角（牛）沖小角（羊）意味著容易有血光之災。另外有相沖，也代表想法觀念上有出入，而相刑，意味著有摩擦。所以牛、丑的部首，會帶來很大的減分效果。第二個影響大的是狗，狗在十二生肖跟羊為刑破，刑是代表摩擦，破代表口角、爭執、和是非。從另外一個角度來看，在現世生活中，狗跟羊有相刑，例如一般多用牧羊犬來管理羊，因此狗、戌，也是不適合屬羊者使用的部首。第三個就是子，也就是老鼠，命理上說「羊鼠相逢一旦休」，代表羊跟老鼠碰到一起就不用再談，沒有結果，互有損害，損失金錢，主小人，羊老是因老鼠受到無妄之災而有損害，其實互相也有損害，所以不能用有子、鼠的字。

「虎」「寅」「龍」「辰」的部首。

針對屬羊來說，比如說演、虎這類有寅字或虎字的要避免，因為羊入虎口，對運勢不佳。另一個是龍、辰，與屬羊也不合，因為命理上，龍是天羅、羊是地網，兩者在一起意味著被困住、鎖起來，伸展不開，也會帶來不好的影響。

「車」「水」「山」「日」「火」的部首。

這五個部首是屬羊者最忌諱的。容易有損丁破財、刑剋父母，父母會緣薄、多災厄、病弱短壽、凶亡意外，一定要注意避開。

「肉」「月」「心」的部首。

因羊是吃草不是吃肉，反是名字裡頭有肉部或心部就比較不理想，意味著看得到吃不到，容易錯失良機。

「糸」「巾」「長」「大」「彩」的部首。

糸字旁，象徵羊被綑綁，意味著待宰，另外巾、彩、長、大，都是代表要做犧牲、奉獻。對運勢都有不好的影響。

乙未年出生，命名需特別小心者

雖同一年份，但不同月份出生者，個人運勢也會不同。以下整理乙未年的幾個需要特別注意的月份。在這些月份中出生的男女，取名除了要留意上述的部首禁忌之外，在筆劃數與排列組合上，都要更加小心。

男生

一月生 犯亡神煞，疾病喪事盡量不要參加。

二月生 帶鐵掃，結婚時要做金屬製的掃把，然後束諸高閣來化解。

七月生 孤獨格，所以取名字要特別注意，避免造成孤僻。

九月生 犯破月，對婚姻感情有影響。

十一月生 帶桃花，婚姻感情上比較易有不順。

女生

一月生 犯破月、帶亡神煞，疾病喪事盡量不要去參加，晚婚比較適合。

三月生 帶寡宿，對婚姻關係比較有影響。

八月生 帶鐵掃，結婚時要做金屬做的掃把，然後束諸高閣來化解。

十一月生 帶桃花，但此處桃花代表爛桃花比較多，要小心。

十二月生 再嫁，命名時在筆劃數、字義上，都要特別留意。

姓名八十一數之吉凶靈動表

筆劃數	吉凶	詩　評
一劃	吉	大展鴻圖，信用得固，無遠弗屆，可獲成功。
二劃	凶	根基不固，搖搖欲墜，一盛一衰，勞而無功。
三劃	吉	根深蒂固，蒸蒸日上，如意吉祥，百事順遂。
四劃	凶	坎坷前途，苦難折磨，非有毅力，難望成功。
五劃	吉	陰陽和合，生意興隆，名利雙收，後福重重。
六劃	吉	萬寶雲集，天降幸運，立志奮發，可成大功。
七劃	吉	專心經營，和氣致祥，排除萬難，必獲成功。
八劃	吉	努力發達，貫徹志望，不忘進退，成功可期。
九劃	凶	雖抱奇才，有才無命，獨營無力，財力難望。
十劃	凶	烏雲遮月，暗淡無光，空費心力，徒勞無功。
十一劃	吉	草木逢春，枯葉沾露，穩健著實，必得人望。
十二劃	凶	薄弱無力，孤立無援，外祥內苦，謀事難成。
十三劃	吉	天賦吉運，能得人望，善用智慧，必獲成功。
十四劃	大凶	忍得苦難，必有後福，是成是敗，惟靠堅毅。
十五劃	吉	謙恭做事，外得人和，大事成就，一定興隆。
十六劃	吉	能獲眾望，成就大業，名利雙收，盟主四方。
十七劃	吉	排除萬難，有貴人助，把握時機，可得成功。
十八劃	吉	經商做事，順利昌隆，如能慎始，百事亨通。
十九劃	大凶	成功雖早，慎防空虧，內外不合，障礙重重。

二十劃	**大凶**	智高志大，歷盡艱難，焦心憂勞，進退兩難。
二十一劃	**吉**	專心經營，善用智慧，霜雪梅花，春來怒放。
二十二劃	**凶**	秋草逢霜，懷才不遇，憂愁怨苦，事不如意。
二十三劃	**吉**	旭日昇天，名顯四方，漸次進展，終成大業。
二十四劃	**吉**	錦繡前程，須靠自力，多用智謀，能奏大功。
二十五劃	**吉**	天時地利，再得人和，講信修睦，即可成功。
二十六劃	**凶**	波瀾起伏，千變萬化，凌駕萬難，必可成功。
二十七劃	**凶帶吉**	一成一敗，一盛一衰，惟靠謹慎，可守成功。
二十八劃	**大凶**	魚臨旱地，難逃惡運，此數大凶，不如更名。
二十九劃	**吉**	如龍得雲，青雲直上，智謀奮進，才略奏功。
三十劃	**凶**	吉凶參半，得失相伴，投機取巧，如賽一樣。
三十一劃	**吉**	此數大吉，名利雙收，漸進向上，大業成就。
三十二劃	**吉**	池中之龍，風雲際會，一躍上天，成功可望。
三十三劃	**吉**	不可意氣，善用智慧，如能慎始，必可昌隆。
三十四劃	**大凶**	災難不絕，難望成功，此數大凶，不如更名。
三十五劃	**吉**	中吉之數，進退保守，生意安穩，成就可期。
三十六劃	**凶**	波瀾重疊，常陷窮困，動不如靜，有才無命。
三十七劃	**吉**	逢凶化吉，吉人天相，風調雨順，生意興隆。
三十八劃	**凶帶吉**	名雖可得，利則難獲，藝界發展，可望成功。
三十九劃	**吉**	雲開見月，雖有勞碌，光明坦途，指日可期。
四十劃	**吉帶凶**	一盛一衰，浮沉不定，知難而退，自獲天佑。

四十一劃	**吉**	天賦吉運，德望兼備，繼續努力，前途無限。
四十二劃	**吉帶凶**	事業不專，十九不成，專心進取，可望成功。
四十三劃	**吉帶凶**	雨夜之花，外祥內苦，忍耐自重，轉凶為吉。
四十四劃	**凶**	雖用心計，事難遂願，貪功好進，必招失敗。
四十五劃	**吉**	楊柳遇春，綠葉發枝，衝破難關，一舉成名。
四十六劃	**凶**	坎坷不平，艱難重重，若無耐心，難望有成。
四十七劃	**吉**	有貴人助，可成大業，圓滿無疑，福及子孫。
四十八劃	**吉**	美化豐實，鶴立雞群，名利俱全，繁榮富貴。
四十九劃	**凶**	遇吉則吉，遇凶則凶，惟靠謹慎，逢凶化吉。
五十劃	**吉帶凶**	吉凶互見，一成一敗，凶中有吉，吉中有凶。
五十一劃	**吉帶凶**	一盛一衰，沉浮不常，自重自處，可保平安。
五十二劃	**吉**	草木逢春，枯葉沾露，福自天降，財源廣進。
五十三劃	**吉帶凶**	盛衰參半，外祥內苦，先吉後凶，先凶後吉。
五十四劃	**大凶**	雖傾全力，難望成功，此數大凶，最好改名。
五十五劃	**吉帶凶**	外觀隆昌，內隱禍患，克服難關，開出泰運。
五十六劃	**凶**	事與願違，終難成功，欲速不達，有始無終。
五十七劃	**吉**	努力經營，時來運轉，曠野枯草，春來花開。
五十八劃	**凶帶吉**	半凶半吉，沉浮多端，始凶終吉，能保成功。
五十九劃	**凶**	遇事猶疑，難望成事，大刀闊斧，始可有成。
六十劃	**凶**	黑暗無光，心迷意亂，出爾反爾。難定方針。
六十一劃	**吉帶凶**	雲遮半月，百隱風波，應自謹慎，始保平安。

六十二劃	**凶**	煩悶懊惱，事事難展，自防災禍，始免困境。
六十三劃	**吉**	萬物化育，繁榮之象，專心一意，必能成功。
六十四劃	**凶**	見異思遷，十九不成，徒勞無功，不如更名。
六十五劃	**吉**	吉運自來，能享盛名，把握機會，必獲成功。
六十六劃	**凶**	黑夜漫長，進退維谷，內外不和，信用缺乏。
六十七劃	**吉**	時來運轉，事事如意，功成名就，富貴自來。
六十八劃	**吉**	思慮周詳，計畫力行，不失先機，可望成功。
六十九劃	**凶**	動搖不安，常陷逆境，不得時運，難得利潤。
七十劃	**凶**	慘淡經營，難免貧困，此數不吉，最好改名。
七十一劃	**吉帶凶**	吉凶參半，惟賴勇氣，貫徹力行，始可成功。
七十二劃	**凶**	利害混集，凶多吉少，得而復失，難以安順。
七十三劃	**吉**	安樂自來，自然吉祥，力行不懈，終必成功。
七十四劃	**凶**	利不及費，坐食山空，如無智謀，難望成功。
七十五劃	**吉帶凶**	吉中帶凶，欲速不達，進不如守，可保安祥。
七十六劃	**大凶**	此數大凶，破產之象，宜速改名，以避厄運。
七十七劃	**吉帶凶**	先苦後甘，先甘後苦，如能守成，不致失敗。
七十八劃	**吉帶凶**	有得有失，華而不實，須防劫財，始保平安。
七十九劃	**凶**	如走夜路，前途無光，希望不大，勞而無功。
八十劃	**吉帶凶**	得而復失，枉費心機，守成無貪，可保安穩。
八十一劃	**吉**	最極之數，還本歸元，能得繁榮，發達成功。

乙未年出生者適合職業解析

傳統的風水觀念中，認為這世界上的萬物都是由「金木水火土」所構成，這五行的「相生」、「相剋」，構成了萬物的變化。五行對照的不僅是天上的星辰與地上的物質，在傳統風水觀念中，方位、數字、顏色、時間、乃至人體構造與職業，都有各自的五行屬性。

在「五行」的觀念中，每個人也有各自的「五行屬性」，一旦了解所屬的五行，便可知道自己目前所從事的學習或職業，是不是符合本身的屬性，也可以依此作為對於未來規劃的參考。

對於家長來說，找出小孩子的性向往往是困難的一件事，如果能夠從小就找出適合孩子發展的方向，並適切的輔助引導孩子，對於孩子日後的學習或是就業都容易產生加分的作用。

簡單的說，在一開始挑選科系或職業上，如果能夠依照「五行相生」的原則，避開相剋的情形，不僅讀書與工作能事半功倍，也比較容易獲得好的發展與機會。如果正處於人生的十字路口，也可以依此原則來看看是否需要轉換跑道。

讀者可從下頁之「乙未年曆」中找出出生時的「干支日」，再依據「日干與五行對照」，便能推算出今年出生之人所代表之「易經卦象」。

而在「適合職業」的判定上，則須同時將「出生季節」考慮進去，對出生季節的判定，是以農民曆中的「節氣」為基準。

將一年以「立春」、「立夏」、「立秋」、「立冬」這四個日子區分為春夏秋冬四個季節，在「立夏」後、「立秋」前出生者，其出生季節即為「夏」。

出生日期與易經卦象對照表

出生日期	日干 甲、乙	日干 丙、丁	日干 戊、己	日干 庚、辛	日干 壬、癸
易經卦象	木	火	土	金	水

若是出生於交節氣的當天又怎麼計算呢？事實上「交節氣」是指太陽在某個時點開始走入下一個節氣，所以是以「某日某時」為時間點，過了交節氣該日的該時辰之後，才轉為下一個季節。

而同一屬性，出生季節卻不同的人，在特性上便會有所不同。例如：「火」可以代表火焰，夏天已為躁熱的天氣型態，此時若再不小心火燭，恐因「木」材助燃而釀成火災。因此「夏月之火」便不適合「木」。但如果是「冬月之火」，由於「火」在寒冷的冬日裡顯得微弱，不容易燃燒起來，若是加了「木」材就能燃燒得更旺，藉以取暖過冬。所以季節與屬性的搭配十分重要。

找出孩子所屬的「四時屬性」後，便可以對照「出生季節卦象與適合職業對照表」，找出最適合的職業屬性，再從下面的「五行職業列表」中，就可以找到最適合孩子的發展方向了。

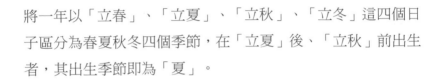

屬金性行業

與金（金屬、工具、金錢）相關行業：

金銀珠寶業經銷販售、金屬業、貴金屬；五金礦業、冶金、工程、開礦、伐木、刀模、機械、兵工廠、機車行、汽車維修、鎖匙行、修鞋、五金行、武術、音響店、手機行、鐘錶行、眼鏡行、玻璃明鏡店、鋁門窗製作、獎牌徽章店、電器經銷販售、電子器材經銷販售；金融、貿易、經濟、會計、銀行、證券、基金會、彩券行、租車行、網咖、電腦美工設計、動畫師、電話交友、打字員。

屬堅硬性、主動性、主宰性之行業：

軍人、警察、保全、大樓管理員、警衛、討債公司、催帳員、徵信社、外勤公務員、運動、科學、科技、大法官、民意代表、交通事業、司機、鑑定業。

屬木性行業

與木（木材、紙筆布料、藥材）相關行業：

木材、林業、木工、傢俱、裝潢、木器製造業、特殊動植物生長之學者、植物栽種實驗人員、種植花草樹果業、茶葉種植販售；造紙、纖維、紡織、文具行、影印店、出版社、文藝界、文化事業編輯、作家、校稿員、內勤公務人員、司法警政人員、保健醫療器材、保健衛生、健康食品、醫生、藥劑師、護士、按摩師。

屬心靈導引、潛移默化之行業：

僧侶、教授、教師、心理醫師、命理師、舞蹈老師、比丘、比丘尼。

屬水性行業

與水（水、海河、冰）相關行業：

水利、航海業、消防業、溫泉業、酒類經銷販售、醬油、浴室、清潔人員；釣具、泳具、水產、漁貨、船員、漁具相關行業；冷飲業、冷凍。冷藏食品、日本料理、飲茶室、冰果室、冷氣。

屬流動性之行業：

流動性之攤販、外交人員、業務人員、仲介、旅遊業、玩具販售、魔術師、特技人員、特殊表演業、遊樂場、電影院、搬家業、送報員、派報員、送羊牛奶員、跑單幫、市調人員（問卷訪問、計次人員）、空勤人員、記者、偵探、演藝業、服務業（餐廳、飲食店、喫茶店、酒家、酒吧、接待業、旅館）、劇團、自由業、行銷企畫人員、研究、調查、分析。

屬火性行業

與火（火、光、熱、電）相關行業：

冶金、化學、瓦斯、高溫物品、高溫餐飲業廚師、外燴廚師、食品業；照明設備、放映師、錄音師、攝影師、相片館、攝影器材販售、製片業、燈光師；手工藝品、機械加工、食物模型製作、陶瓷製造、工藝、玩具製造、理燙髮業、美容瘦身、修護業、印製業、油品、酒類釀造、汽鍋、暖氣；電氣（發電、機具、工廠）。

具影響性之行業：

評論家、心理學家、演說家、文學（文學研究出版經銷、語文學）、排版、雜誌、新聞、傳播媒體、廣告業、舞台燈光音響、招牌、法律、繪畫、樂器、地毯、窗簾、服飾、衣帽、服裝設計、圖案、裝飾、美工、美容、美術、化妝、美容業、登山用品、玩具槍店、百貨業、十元商店、雕刻、古董。

屬土性行業

與土（土地、土木）相關行業：

畜牧業、蔬果販賣商、農畜百業、農業、林業、園藝、礦業、運輸、倉儲、房地產買賣、當舖、古董家、鑑定師、仲介業、代書、律師、法官、管理、設計、顧問、秘書、會計人員、會計師；水泥業、建築業（木工、水泥工、粗工）、垃圾場、停車場、水晶販售、陶瓷、碗盤販售、防水事業、製糊業。

與喪葬有關行業：

葬儀社、靈骨塔、宗教人員、以及所有宗教行業包括金燭店、車鼓陣、誦經團。

乙未年曆

國曆	一月		二月		三月	
農曆	甲午年十二月大		乙未年正月小		二月大	
干支	丁丑		戊寅		己卯	
節氣（國曆）	1 / 06 小寒子時 00 時 21 分	1 / 20 大寒酉時 17 時 43 分	2 / 04 立春午時 11 時 58 分	2 / 19 雨水辰時 07 時 50 分	3 / 06 驚蟄卯時 05 時 56 分	3 / 21 春分卯時 06 時 45 分
國曆	農曆	干支	農曆	干支	農曆	干支
1	十一	丁丑	十三	戊申	十一	丙子
2	十二	戊寅	十四	己酉	十二	丁丑
3	十三	己卯	十五	庚戌	十三	戊寅
4	十四	庚辰	十六	辛亥	十四	己卯
5	十五	辛巳	十七	壬子	十五	庚辰
6	十六	壬午	十八	癸丑	十六	辛巳
7	十七	癸未	十九	甲寅	十七	壬午
8	十八	甲申	二十	乙卯	十八	癸未
9	十九	乙酉	廿一	丙辰	十九	甲申
10	二十	丙戌	廿二	丁巳	二十	乙酉
11	廿一	丁亥	廿三	戊午	廿一	丙戌
12	廿二	戊子	廿四	己未	廿二	丁亥
13	廿三	己丑	廿五	庚申	廿三	戊子
14	廿四	庚寅	廿六	辛酉	廿四	己丑
15	廿五	辛卯	廿七	壬戌	廿五	庚寅
16	廿六	壬辰	廿八	癸亥	廿六	辛卯
17	廿七	癸巳	廿九	甲子	廿七	壬辰
18	廿八	甲午	三十	乙丑	廿八	癸巳
19	廿九	乙未	正月	丙寅	廿九	甲午
20	十二月	丙申	初二	丁卯	二月	乙未
21	初二	丁酉	初三	戊辰	初二	丙申
22	初三	戊戌	初四	己巳	初三	丁酉
23	初四	己亥	初五	庚午	初四	戊戌
24	初五	庚子	初六	辛未	初五	己亥
25	初六	辛丑	初七	壬申	初六	庚子
26	初七	壬寅	初八	癸酉	初七	辛丑
27	初八	癸卯	初九	甲戌	初八	壬寅
28	初九	甲辰	初十	乙亥	初九	癸卯
29	初十	乙巳			初十	甲辰
30	十一	丙午			十一	乙巳
31	十二	丁未			十二	丙午

國曆	四月		五月		六月	
農曆	乙未年三月小		四月小		五月大	
干支	庚辰		辛巳		壬午	
節氣（國曆）	4 / 5 清明巳時 10 時 39 分	4 / 20 穀雨酉時 17 時 42 分	5 / 06 立夏寅時 03 時 53 分	5 / 21 小滿申時 16 時 45 分	6 / 06 芒種辰時 07 時 58 分	6 / 22 夏至子時 00 時 38 分
國曆	農曆	干支	農曆	干支	農曆	干支
1	十三	丁未	十三	丁丑	十五	戊申
2	十四	戊申	十四	戊寅	十六	己酉
3	十五	己酉	十五	己卯	十七	庚戌
4	十六	庚戌	十六	庚辰	十八	辛亥
5	十七	辛亥	十七	辛巳	十九	壬子
6	十八	壬子	十八	壬午	二十	癸丑
7	十九	癸丑	十九	癸未	廿一	甲寅
8	二十	甲寅	二十	甲申	廿二	乙卯
9	廿一	乙卯	廿一	乙酉	廿三	丙辰
10	廿二	丙辰	廿二	丙戌	廿四	丁巳
11	廿三	丁巳	廿三	丁亥	廿五	戊午
12	廿四	戊午	廿四	戊子	廿六	己未
13	廿五	己未	廿五	己丑	廿七	庚申
14	廿六	庚申	廿六	庚寅	廿八	辛酉
15	廿七	辛酉	廿七	辛卯	廿九	壬戌
16	廿八	壬戌	廿八	壬辰	五月	癸亥
17	廿九	癸亥	廿九	癸巳	初二	甲子
18	三十	甲子	四月	甲午	初三	乙丑
19	三月	乙丑	初二	乙未	初四	丙寅
20	初二	丙寅	初三	丙申	初五	丁卯
21	初三	丁卯	初四	丁酉	初六	戊辰
22	初四	戊辰	初五	戊戌	初七	己巳
23	初五	己巳	初六	己亥	初八	庚午
24	初六	庚午	初七	庚子	初九	辛未
25	初七	辛未	初八	辛丑	初十	壬申
26	初八	壬申	初九	壬寅	十一	癸酉
27	初九	癸酉	初十	癸卯	十二	甲戌
28	初十	甲戌	十一	甲辰	十三	乙亥
29	十一	乙亥	十二	乙巳	十四	丙子
30	十二	丙子	十三	丙午	十五	丁丑
31			十四	丁未		

乙未年曆

國曆	七月		八月		九月	
農曆	乙未年六月小		七月大		八月大	
干支	壬午		甲申		乙酉	
節氣（國曆）	7 / 07 小暑酉時 18 時 12 分	7 / 23 大暑午時 11 時 30 分	8 / 08 立秋寅時 04 時 01 分	8 / 23 處暑酉時 18 時 37 分	9 / 08 白露辰時 07 時 00 分	9 / 23 秋分申時 16 時 21 分
國曆	農曆	干支	農曆	干支	農曆	干支
1	十六	戊寅	十七	己酉	十九	庚辰
2	十七	己卯	十八	庚戌	二十	辛巳
3	十八	庚辰	十九	辛亥	廿一	壬午
4	十九	辛巳	二十	壬子	廿二	癸未
5	二十	壬午	廿一	癸丑	廿三	甲申
6	廿一	癸未	廿二	甲寅	廿四	乙酉
7	廿二	甲申	廿三	乙卯	廿五	丙戌
8	廿三	乙酉	廿四	丙辰	廿六	丁亥
9	廿四	丙戌	廿五	丁巳	廿七	戊子
10	廿五	丁亥	廿六	戊午	廿八	己丑
11	廿六	戊子	廿七	己未	廿九	庚寅
12	廿七	己丑	廿八	庚申	三十	辛卯
13	廿八	庚寅	廿九	辛酉	八月	壬辰
14	廿九	辛卯	七月	壬戌	初二	癸巳
15	三十	壬辰	初二	癸亥	初三	甲午
16	六月	癸巳	初三	甲子	初四	乙未
17	初二	甲午	初四	乙丑	初五	丙申
18	初三	乙未	初五	丙寅	初六	丁酉
19	初四	丙申	初六	丁卯	初七	戊戌
20	初五	丁酉	初七	戊辰	初八	己亥
21	初六	戊戌	初八	己巳	初九	庚子
22	初七	己亥	初九	庚午	初十	辛丑
23	初八	庚子	初十	未辛	十一	壬寅
24	初九	辛丑	十一	壬申	十二	癸卯
25	初十	壬寅	十二	癸酉	十三	甲辰
26	十一	癸卯	十三	甲戌	十四	乙巳
27	十二	甲辰	十四	乙亥	十五	丙午
28	十三	乙巳	十五	丙子	十六	丁未
29	十四	丙午	十六	丁丑	十七	戊申
30	十五	丁未	十七	戊寅	十八	己酉
31	十六	戊申	十八	己卯		

國曆	十月		十一月		十二月	
農曆	乙未年九月大		十月小		十一月大	
干支	戊丙		亥丁		戊子	
節氣（國曆）	10 / 08 寒露亥時 22 時 43 分	10 / 24 霜降丑時 01 時 47 分	11 / 08 立冬丑時 01 時 59 分	11 / 22 小雪子時 23 時 25 分	12 / 07 大雪酉時 18 時 53 分	12 / 22 冬至午時 12 時 48 分
國曆	農曆	干支	農曆	干支	農曆	干支
1	十九	庚戌	二十	辛巳	二十	辛亥
2	二十	辛亥	廿一	壬午	廿一	壬子
3	廿一	壬子	廿二	癸未	廿二	癸丑
4	廿二	癸丑	廿三	甲申	廿三	甲寅
5	廿三	甲寅	廿四	乙酉	廿四	乙卯
6	廿四	乙卯	廿五	丙戌	廿五	丙辰
7	廿五	丙辰	廿六	丁亥	廿六	丁巳
8	廿六	丁巳	廿七	戊子	廿七	戊午
9	廿七	戊午	廿八	己丑	廿八	己未
10	廿八	己未	廿九	庚寅	廿九	庚申
11	廿九	庚申	三十	辛卯	十一月	辛酉
12	三十	辛酉	十月	壬辰	初二	壬戌
13	九月	壬戌	初二	癸巳	初三	癸亥
14	初二	癸亥	初三	甲午	初四	甲子
15	初三	甲子	初四	乙未	初五	乙丑
16	初四	乙丑	初五	丙申	初六	丙寅
17	初五	丙寅	初六	丁酉	初七	丁卯
18	初六	丁卯	初七	戊戌	初八	戊辰
19	初七	戊辰	初八	己亥	初九	己巳
20	初八	己巳	初九	庚子	初十	庚午
21	初九	庚午	初十	辛丑	十一	辛未
22	初十	辛未	十一	壬寅	十二	壬申
23	十一	壬申	十二	癸卯	十三	癸酉
24	十二	癸酉	十三	甲辰	十四	甲戌
25	十三	甲戌	十四	乙巳	十五	乙亥
26	十四	乙亥	十五	丙午	十六	丙子
27	十五	丙子	十六	丁未	十七	丁丑
28	十六	丁丑	十七	戊申	十八	戊寅
29	十七	戊寅	十八	己酉	十九	己卯
30	十八	己卯	十九	庚戌	二十	庚辰
31	十九	庚辰			廿一	辛巳

乙未年曆

國曆	一〇五年一月		二月	
農曆	十二月小		正月大	
干支	己丑		庚寅	
節氣（國曆）	01 / 06 小寒卯時 06 時 08 分	01 / 20 大寒子時 23 時 27 分	02 / 04 立春酉時 17 時 46 分	02 / 19 雨水未時 13 時 34 分
國曆	農曆	干支	農曆	干支
1	廿二	壬午	廿三	癸丑
2	廿三	癸未	廿四	甲寅
3	廿四	甲申	廿五	乙卯
4	廿五	乙酉	廿六	丙辰
5	廿六	丙戌	廿七	丁巳
6	廿七	丁亥	廿八	戊午
7	廿八	戊子	廿九	己未
8	廿九	己丑	正月	庚申
9	三十	庚寅	初二	辛酉
10	十二月	辛卯	初三	壬戌
11	初二	壬辰	初四	癸亥
12	初三	癸巳	初五	甲子
13	初四	甲午	初六	乙丑
14	初五	乙未	初七	丙寅
15	初六	丙申	初八	丁卯
16	初七	丁酉	初九	戊辰
17	初八	戊戌	初十	己巳
18	初九	己亥	十一	庚午
19	初十	庚子	十二	辛未
20	十一	辛丑	十三	壬申
21	十二	壬寅	十四	癸酉
22	十三	癸卯	十五	甲戌
23	十四	甲辰	十六	乙亥
24	十五	乙巳	十七	丙子
25	十六	丙午	十八	丁丑
26	十七	丁未	十九	戊寅
27	十八	戊申	二十	己卯
28	十九	己酉	廿一	庚辰
29	二十	庚戌	廿二	辛巳
30	廿一	辛亥		
31	廿二	壬子		

出生節氣屬性與適合職業對照表

日干甲乙（木）					
職業屬性／出生日	金	木	水	火	土
春月之木	可	良	劣	優	差
夏月之木	可	差	優	劣	良
秋月之木	良	可	劣	優	差
冬月之木	差	可	劣	優	良

日干丙丁（火）					
職業屬性／出生日	金	木	水	火	土
春月之火	優	可	劣	良	差
夏月之火	可	劣	優	差	可
秋月之火	差	優	劣	良	可
冬月之火	差	優	劣	良	可

日干戊己（土）					
職業屬性／出生日	金	木	水	火	土
春月之土	差	劣	可	優	良
夏月之土	可	良	優	劣	差
秋月之土	劣	優	差	良	可
冬月之土	差	良	優	可	劣

日干庚辛（金）					
職業屬性／出生日	金	木	水	火	土
春月之金	良	差	劣	可	優
夏月之金	優	差	良	劣	可
秋月之金	劣	良	優	可	差
冬月之金	良	差	劣	可	優

日干壬癸（水）					
職業屬性／出生日	金	木	水	火	土
春月之水	差	優	劣	可	良
夏月之水	良	劣	優	差	可
秋月之水	優	可	差	良	劣
冬月之水	差	良	劣	優	可

乙未年風水運用大全

Chapter 3

乙未年九宮飛星大解析

九宮飛星的理論認為，代表不同意義的「九星」每年會落在九個不同的方位上，而這九星依照固定的循環，每九年重複一次。又因為位置的轉換是以「年」為單位，因此又被稱作「流年方位」。這九星各自代表不同的意義，主宰人們一年的運勢，對於各方面產生影響。（關於九宮飛星圖的詳細解說與運用方式，可參考《謝沅瑾財運風水教科書》）

⊙以下簡介九星的種類與意義：

一白、貪狼星，主桃花文職：

易遇桃花感情之姻緣情事，同時亦加強官運與財運。

二黑、巨門星，主身心病痛：

外在病痛不斷，內在煩憂頻起，內外交攻永無寧日。

三碧、祿存星，主官非鬥爭：

易遭官非訴訟纏身不休，或遇致使殘廢之病痛意外。

四綠、文昌星，主讀書考試：

加強讀書效果，頭腦判斷能力，強化考運與升職運。

五黃、廉貞星，主災病凶煞：

宜靜不宜動，貿然動土喪葬者必遭凶煞，非死即傷。

六白、武曲星，主軍警官運：

使軍警職易獲拔擢，升遷快速順暢，最終威權震世。

七赤、破軍星，主盜賊破財：

居家出外易遭盜賊，身邊亦有小人環伺，災禍不斷。

八白、左輔星，主富貴功名：

富貴功名源源不絕，能化凶神為吉星，發財又添丁。

九紫、右弼星，主福祿喜事：

能趕煞催貴，遇之必有喜事臨門，有情人終成眷屬。

九星涵蓋了各種福祿壽喜、生老病死之事，也因此每一星的位置好壞與運用都是不能輕忽之事，如果能夠了解每一年的流年方位，並加以妥善運用，對於個人的運勢將會有很不錯的提升。

二〇一五乙未年九宮飛星圖

	東南	南	西南	
	二黑土	七赤金	九紫火	
東	一白水	三碧木	五黃土	西
	六白金	八白土	四綠木	
	東北	北	西北	

乙未年方位運用及運勢提升之道

●流年財位與招財法

九宮飛星所代表的財位，因為每年不同，又叫做流年財位。在九宮飛星中代表財運的星有「一白、六白、八白」，也分別代表了「文官官運財運」、「武官官運財運」以及「整體財運」。經過正確運用，能催動家中真財位，強化財運。

不同職業與不同發展方向的人，要催的財位就不同。像是公務人員希望能夠加薪升官，就要催動「一白」星。若是軍警保全等，想要能有更好的晉升管道，那就要催動「六白」星。而如果是上班族、經商者，或者是不管是哪一種人，就可以使用「八白」星來催動整體財運。

一白財位

二〇一五年的文星（文曲星）也就是一白星的位置在正東方，東方代表幾個意義，第一個是屬於長子位，對於家中的長子的財運來說就會有明顯的提升。另外，民俗上說「紫氣東來」，所以如果東邊有開窗，代表財氣有照入到房子裡頭來，從事文職內勤工作的人，如果房子東邊剛好有開窗的話，在事業工作上加分就會特別多。從事文職工作的人，也可以在這個位置上放文昌筆，點旺文昌，讓思緒更加文思泉湧，靈感源源不絕。另外，在事業工作上面如果想要有所突破，增加人緣，也可以在這個位置上擺放粉水晶。

六白財位

六白星也就是武曲的位置，主要針對跑外勤，甚至軍人、警察，軍警職這類工作的人，**二〇一五年的六白位在東北方**，如果想在今年爭取晉升、升遷、遠調的機會，建議可以在這個位置上擺放馬匹飾品，最好是前面兩隻腳抬起的馬，頭朝外擺放，民俗上代表驛馬星動，表示比較有升遷或遠調的機會。馬的材質建議使用金屬，其次為原木，第三是玻璃材質。但如果工作已經很穩定者，建議馬匹擺放方向相反，頭朝內，樣子為四隻腳著地，所以如果馬背放錢，代表「馬上有錢」，意味著財運上有提升。馬背上放猴子，代表「馬上封侯」。不過，要特別注意的是，東北方在風水上又稱五鬼方，六白星流年財運正好在此，暗示著可能會有不是正財的收入，或五鬼運財的狀況，日後會惹來麻煩。建議可在這個位置常點三盞燈，不僅對財運上有提升，也能避免有負面、不好的情況。

八白財位

八白星也就是左輔星的位置，今年來到正北方，不僅是上班、公職或經商，即使只是擺個攤位，都可以運用這個位置來催旺財運。可以放小型的魚缸，或是可以裝水的容器等，對財運都會有幫助。另外，在寺廟中求到的發財金，也可以擺放這個位置上，加分比較多。

此外，八白星在民俗上又代表著丁財兩旺。因此，在這個年度裡頭，想要懷孕或者求生男孩的人，可以睡在正北方的房間，正東方的房間也能加分。也可以在床頭擺放銅做的麒麟，嘴巴裡面放五色豆，就是紅豆、綠豆、黃豆、花豆、黑豆，然後頭朝屋內，放置會提高懷孕的機會。

東南		南		西南
東	一白水			西
	六白金	八白土		
東北		北		西北

●流年桃花位與招桃法

對於桃花位的應用，大多數的人都存有誤解，以為招桃花僅針對男女間的感情。其實「桃花」可以區分為「姻緣桃花」與「人緣桃花」。「姻緣桃花」就是我們一般所認識的、針對男女感情的桃花，如果能招到好的姻緣桃花，就能夠找到好對象，也比較有機會獲得好的姻緣。

另一種是「人緣桃花」，這種桃花代表的是個人與他人之間的交情、友誼。有好的「人緣桃花」，對於人際關係的促進有很大的幫助。對應到日常生活中，如果從事需要密切與人來往的職業，像是業務員、房仲業者、商店販售的店員等，如果能夠適當的增強自己的人緣桃花，對於業績也會有很大的幫助。

在九宮飛星圖中掌管桃花的有一白。根據九宮飛星圖的流年方位，**今年一白星落在正東方，因此今年的流年桃花位就在西南方**。如果未婚者希望有好對象，可以在這個位置上放置粉水晶或裝水的容器裡放入粉晶，有助於提升運勢。如果是已婚者希望能讓自己有好人緣，可以擺設紫水晶，會幫助促進人際關係，也會增強判斷力。

另外，九宮飛星中的九紫星，一般認為是能招來喜事、催動姻緣。**今年的九紫星位在西南方**，可以在這個方位上擺放在月老廟求得的紅線，可以為感情加分。不過，由於今年的九紫位在西南方，也是民俗上所稱的五鬼方，五鬼帶財、帶桃花，用這個方位催動桃花，可能比較容易遇到較多對象可以選擇，或可能容易遇到的對象有錢，不過要特別注意，五鬼方也有犯小人的問題，小人有時不是別人，就是自己本身。如果心定不下來，人家又給很多意見，在這個年度裡頭，就很容易出現不知道該怎麼選擇的問題。遇到的對象上，也有可能對方的心態你沒辦法理解，不知道對方心裡在想什麼，心裡有鬼還是他其實不是真心的……等等，慎防容易出現莫名其妙的爛桃花。

⊙桃花位的維護

在桃花位擺放招桃花的物品來催動桃花之後，並不表示就可以安心的不去管它。平時也要特別注意桃花位的維護。

如果桃花位髒亂，或者用來擺垃圾桶，在感情上就會很容易遭小人破壞，導致感情破裂。

如果桃花位上擺放髒衣服或是雜物，代表感情容易有遇人不淑、所遇非人的狀況。因為桃花位上堆滿雜物，象徵著感情的狀況錯綜複雜。

如果桃花位完全的空曠或者過度清潔，也不太好，暗示著感情會一乾二淨，感情上容易有缺口經常沒有對象。桃花位如果沒有要加以運用，也最好是保持整齊、清潔，給予適當的照明，才能避免招來爛桃花，並打壞自己的好人緣。

●流年文昌與催旺法

九宮飛星中掌管考運的文昌位是為四綠星。**今年的四綠星也就是文昌位於西北方**，對於學生、考公職的人都可以運用這個位置來催旺運勢。有打算考試或是家中有正在求學的小孩，可以在家中西北方的位置設置書桌，在文昌位上讀書，將有助於集中精神，提升考運。

另外催旺文昌最常見的方式是點燈，古人用油燈，現代可用檯燈或立燈來代替，在燈上綁上紅布條、紅線或紅繩，不僅對於家裡人的考運能加分，也代表開智慧。也可以運用文昌塔，民間認為文昌塔有貴子之意，就是小孩子考取功名、富貴的意思。但是塔型的高度，應該以奇數為主，一般最高是十三層，可使用五層、七層、九層，越高代表層級越好。在文昌位上也可擺放文房四寶，或者是懸掛文昌筆，以及貼上獨占鰲頭的鰲的圖像或魁星踢斗圖，對於讀書或者是頭腦判斷能力都會有提升。另外也可以擺放紫水晶，可以增強注意力與記憶力，幫助思路清晰，相對的就容易獲得好成績。

如果流年文昌位正好落在廁所的時候，對於判斷分析跟理解能力會有負面影響。建議在廁所內擺放土種黃金葛並且以燈照射，來化解。

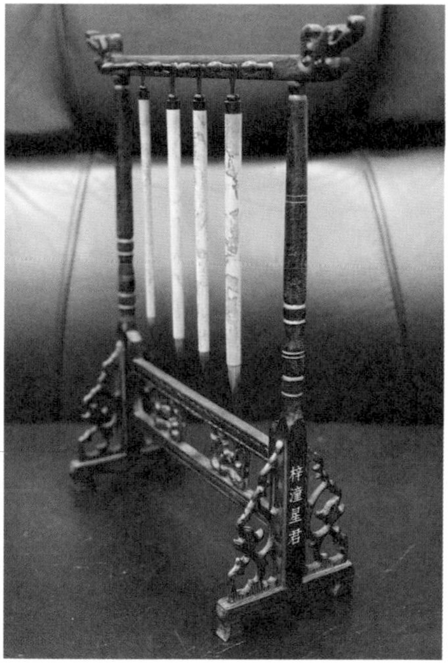

書桌文昌位可以懸掛文房四寶，提升讀書與判斷能力。

正確的書桌擺設，也能幫助提升運氣。書桌或辦公桌最好的擺設方式為：桌面的左邊放置電腦與電話，桌面的右邊則放置文件與文具。這樣的擺放方式能營造出一種安心的氣氛，讓坐在書桌前的人能夠專心的讀書或辦公。

書桌上也可以放置紫水晶，形狀最好是圓形，可以加強思緒清晰。特別要注意的是，像美工刀、剪刀等利器，最好都封好收起來，以免利刃傷害了好機會以及好考運。

●流年災病方位與避除法

九宮飛星中有二個要特別注意的星宿，分別為二黑與五黃，是要特別注意防範的方位。

東南		南		西南
	二黑土			
東			五黃土	西
東北		北		西北

其中二黑代表了「巨門星」，主「身心病痛」，民俗上也代表病符的位置，**今年剛好落在東南方**，因此在居家流年風水中，要特別注意的便是避免在這個方位睡覺，以防容易生病，如果房間在這方位者，在這年最好能換房睡覺，也建議在這個方位上擺放龜殼、葫蘆或者是千鶴圖，對於健康方面有加分的效果，不過，要記住千鶴圖千萬不能放上面有畫太陽的，因為那意味著日落西山、駕鶴西歸，要注意。

五黃則代表了「廉貞星」，**今年落在正西方**，主的是「災病凶煞」，是可能會帶來災難病痛的凶星，而且通常是指關於血光的部分，容易受傷、開刀或者有意外傷害。最忌諱的就是動土，因此在居家流年風水中，要特別注意的便是避免在這個方位動土，不管是裝潢、油漆、修改隔間……等，最好都能先避開正西方，並延到明年後再行施工，也要避免在此方位睡覺。

要注意的是，如果居家外面、對面跟正西方的方位，如果剛好有人動土，家中也會受到五黃煞氣的影響，一般來說，可以

擺放龜殼與葫蘆，可以替健康加分。

在面對動工的方位上，擺放龜殼來化解。

此外，位於中央的三碧木，一般來說會帶來官非跟盜賊的影響，也盡量不在這個方位動土。位於正南方的七赤金，代表破軍星，是盜賊之星，通常在這個方位動工或裝潢，意味著容易遭小偷，也要盡量避免。

二〇一五乙未年九宮方位應用圖

東南		南		西南
	勿睡此	勿動土	招姻緣桃花	
東	招財運與桃花	勿動土	勿動土	西
	招財運	招財運	招文昌	
東北		北		西北

●今年的太歲方

今年太歲方在未方（西南方），而今年歲破方則在太歲方對面的丑方（東北方）。

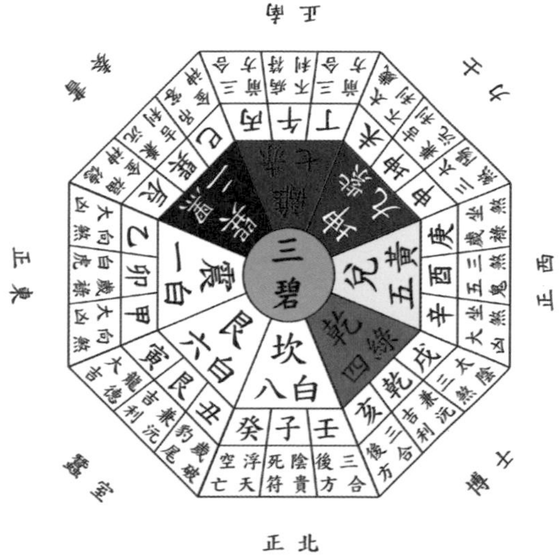

我們常聽人說的「太歲頭上動土」，代表一個人不知好歹，做了不該做的事，惹了不該惹的人，因此準備要倒大楣了。其由來便是民俗上認為每年的太歲星君，都會固定降臨在家中的某個方位（例如今年是未方），那個方位在今年中，便會成為太歲星君的「專屬方位」。因此如果在這個方位動土，就好像打擾到了太歲星君，可能會使得太歲星君不高興，住家運勢自然可能因而下降。另外要注意的是，歲破方也不能動土。

今年的太歲為楊仙大將軍。

招財補運DIY

Chapter 4

化解漏財，搶救財運

傳統風水上稱財運為「財氣」或者「財水」，意味著這是一種氣流或水流的能量。而掌握財運最重要的乃是「藏風納氣」。因此除了催旺財運，另一個重點，便是要防止漏財。圍堵家中「漏財水」或者「散財氣」的地方，才能讓催財的效果達到百分之百的發揮。

以下介紹四種居家內部常見的漏財風水，讀者可以檢視一下住家的狀況，再依照化解的方式來處理，就能化解大部分的漏財，搶救財運。

◎穿堂煞

通常發生在大門與後門，或者窗戶形成一直線，中間毫無遮擋時，氣流從大門口進來之後，馬上就從後門，或者窗戶流出去。或者有些獨棟房屋四面都有開窗，氣流在兩邊窗戶直線穿進、穿出，故稱作穿堂煞。

穿堂煞的問題在於無法藏風納氣，財氣進入屋內後，並無法被收納在財位上，直接穿出屋外，當然也就沒有任何作用了。也暗示著家裡主人很有可能會發生「左手進，右手出」的情形，因此風水上也有「陽宅第一凶，最忌穿堂風」的說法。

化解方法：

如果發現家中有穿堂煞時，最好的化解方式就是遮擋，想辦法把財氣留在屋內。可以「改門窗」，或者在這條直線上設置一道假牆，製作玄關，而高度一定要超過門框或者窗框，才能達到完全遮擋的效果。遮擋物也要特別注意，一定要不透光、不透風才會有效。

前後陽台互通的穿堂煞。

◎財位開口

財位是財氣停留，並且催旺的地方，如果財位虛空，家裡等於沒有可以讓財位蘊藏的地方，便會形成漏財。一般常見的是家裡的明財位、真財位正好開了窗戶，這樣財氣至此，正好流出去了，完全沒有作用。還有一種，發生在獨棟透天厝的狀況，就是將樓梯開在財位上，殺傷力更大，暗示財水流到這裡，便往下流失了。如果樓梯正好開在宅心上，也同樣有不好的影響，風水上認為宅心是一個家聚氣的地方，開了樓梯，便意味著氣場的流失，影響甚鉅。

化解方法：

如果是明財位與真財位遇上了窗戶，則可以使用不透光、不透風的厚窗簾或者木板將窗戶遮擋起來，至少要有一個手臂這麼寬的距離，創造一個可以納氣的地方。如果是樓梯所造成的，那麼可以在樓梯的正上方懸掛一隻「麒麟踩八卦」，麒麟具有穩定氣場、調整方位的作用，一方面也可以招財，在防堵漏財的同時，也強化財運。

財位上若是有樓梯向下，稱為財位開口。

◎廁居中

所謂廁居中指的是廁所位在宅心上。宅心象徵著房子的心臟，如果宅心受到汙染、傷害，就跟人體一樣，健康就會出現問題。廁所在風水上屬「陰」，所以流經此處的氣都會受到汙染，又廁所每天會沖掉大量的水，也暗示著財水外流，故暗示漏財。

化解方法：

一旦住家遇到這樣的問題，可以在馬桶上擺放「土種黃金葛」，並加上投射燈每天至少八小時以上照射。將土種黃金葛擺放在馬桶上，風水上認為「土剋水」，阻擋財水外流，另外黃金葛屬陰，擺放在廁所裡，能達到以毒攻毒的效果，化解陰氣。投射燈能發出太陽一般的光與熱，因此也可以達到化解陰氣，淨化氣場功效。

廁居中，易有漏財可能。

◎大門對廁所

住家如果一打開大門，就正對著廁所門的情況，在風水上認為會造成退運，而從大門進來的財氣也會因此受到廁所穢氣的汙染，對財運造成不好的影響。另外，如果廁所內的水龍頭直指大門的話，更會造成財水外流的狀況，形成漏財風水。

化解方法：

若是家中出現了大門對廁所的狀況，最好的化解方式，就是遮擋。在大門與廁所間設置一道假牆，製作玄關，而高度一定要超過門框或者窗框，才能達到完全遮擋的效果。遮擋物也要特別注意，一定要不透光、不透風才會有效果。

開門見廁，對財運不好。

乙未年太歲星君安奉與太歲符

「太歲」又稱「歲星」，每個人出生年與太歲都有對應關係，根據沖犯原則，就有「正沖」跟「偏沖」的概念產生。「正沖」就是正對自己的生肖年，而「偏沖」是指相隔六年。不管是正沖或偏沖，都屬不吉，都必須在年初「安奉太歲」，以求平安。而到了年尾則須「謝太歲」，感謝太歲整年的保佑。

太歲安奉法（年初安太歲）

安奉地點：可供奉在神桌上。

安奉時間：農曆正月初九、正月十五日，或選吉日安奉。

安奉供品：清茶、水果、香燭，另備壽金、太極金、天金。

安奉方法：

將太歲符安放在正確位置後，備好香案，點三支香，心中默唸：「弟子〇〇〇因本年沖犯太歲，請太歲星君到此鎮宅，保佑平安。」香燃過一半之後，即可燒化金紙，儀式完成。

謝太歲法（年尾謝太歲）

謝太歲地點：太歲供奉處。

謝太歲時間：農曆十二月二十四日上午吉時。

謝太歲供品：清茶、水果、香燭，另備壽金、太極金、天金。

謝太歲方法：

在安奉太歲符前，備好香案，點三支香，心中默唸：「弟子〇〇〇，今備香花四果，感謝太歲星君一年的保佑。」之後取下太歲符，同金紙一同燒化即完成。

今年需安太歲者：

正沖——相羊人：一歲、十三歲、廿五歲、卅七歲、四九歲、六一歲、七三歲、八五歲

偏沖——相牛人：七歲、十九歲、卅一歲、四三歲、五五歲、六七歲、七九歲、九一歲

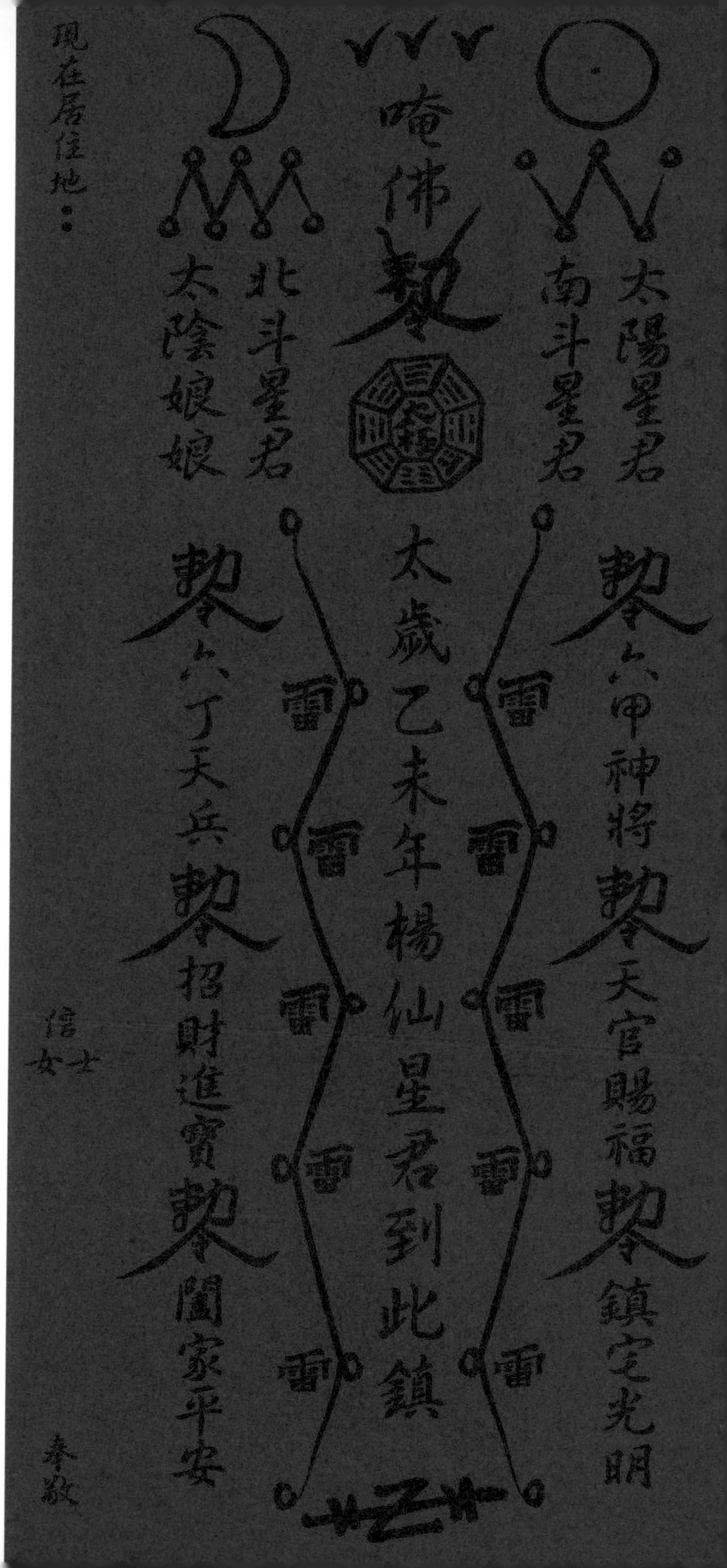

太歲稱號之差異

根據「六十甲子」的循環，太歲星君共有六十位。目前台灣各地所供奉的太歲星君，稱號都略有差異，但讀音都幾乎相近，因此有一說認為，這差異應是讀音與標記所引起。乙未年的太歲星君，為「楊仙星君」。

恭請

乙未太歲楊仙大將軍

到府坐鎮

謹

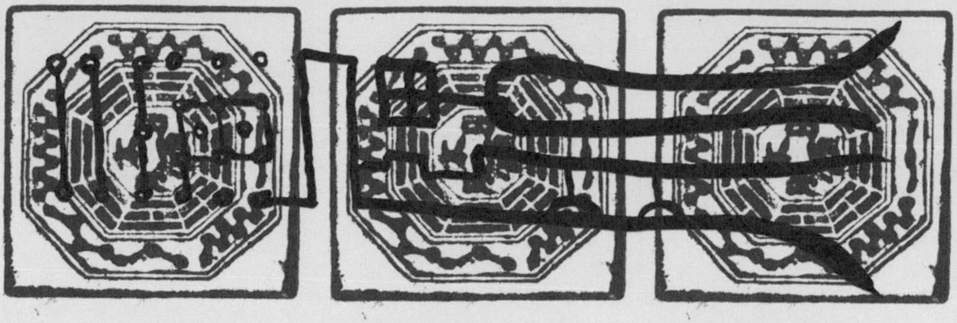

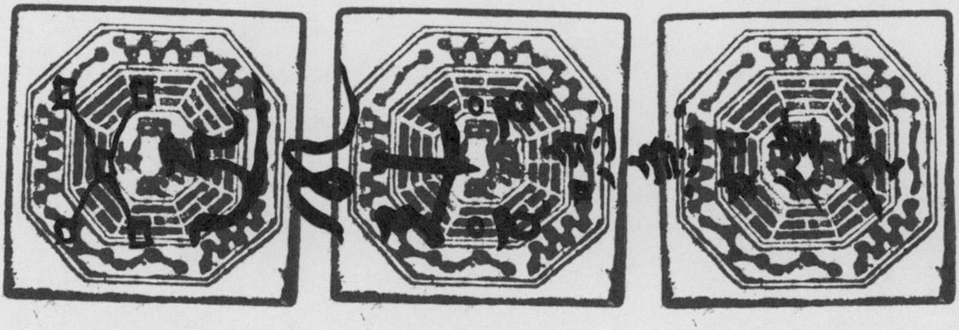

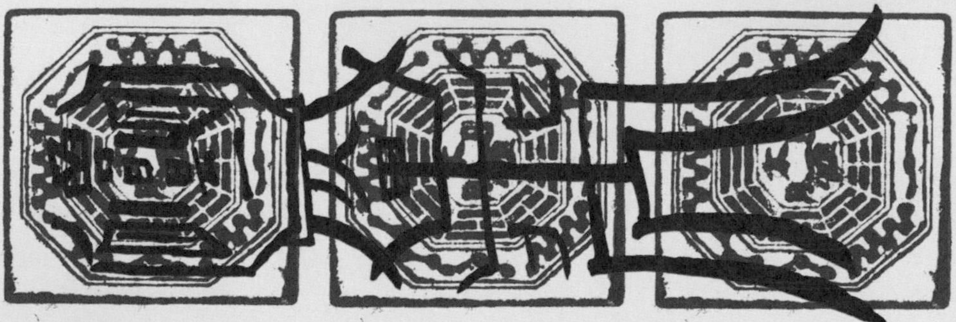

乙未年個人招財符

謝沅瑾
命理研究中心
瑾

乙未年居家招財符

謝沅瑾
命理研究中心
瑾

乙未年店面招財符

謝沅瑾
命理研究中心
瑾

個人、店面、居家招財符

⊙招財符使用說明

本次隨書附贈之「招財符三連發」（左頁，請讀者自行剪裁），分別為個人招財符、店面招財符與居家招財符。皆由謝沅瑾老師親自繪製開光，希望能帶給讀者一個好運滿滿的乙未年。

使用方法

個人招財符收在皮夾裡，隨身攜帶。居家與店面招財符，則擺放在家裡或店裡的隱密處，一般來說，店面招財符可以擺放在收銀台或櫃台的收銀機、抽屜之中，居家招財符則可以擺放在家裡的財位上，可以更加催動財位。

此符有一整年之效力，使用前可以先拿到陽廟之主爐上過香火，更添效力。擺放或者攜帶一年之後，在農曆十二月廿四日送神日時，同金紙一起燒化即可。謝沅瑾老師在此還要提醒大家，平日若多行善積德，努力工作，則招財效果更佳！

個人招財符置於皮包內，居家店面招財符則置於財位隱密處。

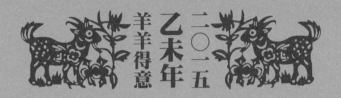

二〇一五

乙未年

羊羊得意

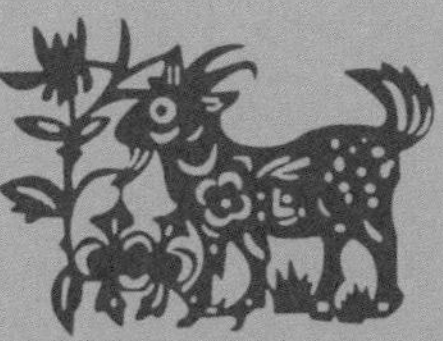

二〇一五
乙未年
羊羊得意

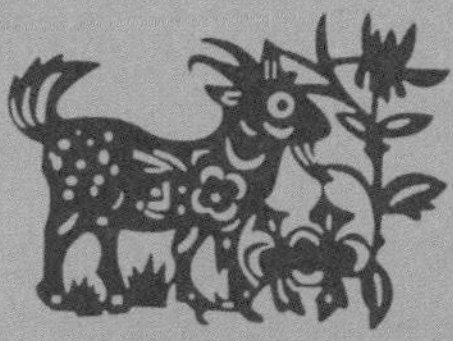

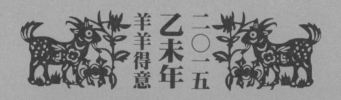

風水

讓富人累積財富
讓窮人改變命運

瑾

玩藝 0007
謝沅瑾羊年生肖運勢大解析：
史上最完整生肖預言，謝老師親自批算流年流月、計算農民曆，一書在案，開運招財保平安！

作　　者── 謝沅瑾
書籍製作── 謝沅瑾命理研究中心 瑾
副總編輯── 陳慶祐
執行企劃── 汪婷婷
內頁設計
封面設計── 葉若蒂
董 事 長
總 經 理── 趙政岷
總 編 輯── 周湘琦
出 版 者── 時報文化出版企業股份有限公司
10803 台北市和平西路三段二四〇號二樓
發行專線—（〇二）二三〇六—六八四二
讀者服務專線— 〇八〇〇—二三一—七〇五
（〇二）二三〇四—七一〇三
讀者服務傳真—（〇二）二三〇四—六八五八
郵撥——九三四四七二四時報文化出版公司
信箱—台北郵政七九～九九信箱
時報悅讀網—http://www.readingtimes.com.tw
時報出版風格線—https://www.facebook.com/bookstyle2014
電子郵件信箱—books@readingtimes.com.tw
法律顧問— 理律法律事務所　陳長文律師、李念祖律師
印　　刷— 詠豐印刷有限公司
初版一刷— 二〇一四年十月二十四日
初版十刷— 二〇一五年一月十四日
定　　價— 新台幣 三八〇元

行政院新聞局局版北市業字第八〇號

ISBN 978-957-13-6106-2
Printed in Taiwan

國家圖書館出版品預行編目 (CIP) 資料

謝沅瑾羊年生肖運勢大解析：史上最完整生肖預言，謝老師親自批算流年流月、計算農民曆，一書在案，開運招財保平安！ / 謝沅瑾作. -- 初版. -- 臺北市 : 時報文化, 2014.11　面；　公分. -- (玩藝 ; 7)　ISBN 978-957-13-6106-2(平裝)
1. 改運法　2. 命書
295.7　　103020084

開運農民曆

Chapter 5

如何看懂農民曆

「農民曆」是台灣民間流通最普及的曆書，過去人們依照農民曆的時序原則進行農事，也以農民曆中的「行事宜忌」、「每日吉凶」作為日常行事的準則。

農民曆的由來已久，早期為了配合農業社會的行事，中國歷代都會由官方根據觀測天文運行的結果，統一頒訂曆法，作為農事作息的主要依據，稱做「官曆」。而各朝的曆法編制有所不同，現今使用的陰曆最早可以追溯到夏朝時期，經過了不同朝代天文官員的修訂後，才成了現今我們所使用的陰曆。

民國之後頒行陽曆，現今台灣所行的曆法每年由中央氣象局統一頒布，由於民間仍然根據陰曆行事，所以中央氣象局所編的日曆資料表是採取新舊曆對照的方式。而現今流通的農民曆，也是陽曆與陰曆並立，是陰陽合曆的形式。

以配合農事而訂立的農民曆，到了今日由於機具與栽種技術的進步，作為農事依據的功能已不再那麼重要了。但是其中的每日吉凶、行事忌宜等傳統風水命理的內容，仍然是人們行事的重要依據。現今的農民曆經常結合了民俗、傳統知識與曆法，是每個家庭必備的生活小百科。

農民曆是古代制訂來讓農民在農耕時有所依循的曆法，所以稱之為農曆。漸漸演變到後來，又加上了傳統陰陽五行、天干地支、易經等等的思想，幾千年來已經成為人們日常行事的重要依據了。不過，也就因為融入了許多命理上的專業知識，讓現在的農民曆看起來十分的艱深難懂，因此要瞭解農民曆，就要先了解每個欄位代表的意義，接著就能輕鬆使用農民曆了。

農民曆「每日宜忌」各欄說明

- 西曆年份　國曆月份
- 農曆月份　月令　月煞方
- 占十二月節候豐稔歌
- 每日胎神占方
- 每日沖煞年齡

- 國曆日期
- 星期
- 節日　佛神誕辰　吉凶神　附註
- 農曆日期
- 干支
- 五行
- 二十值位
- 宜忌
- **宜忌事項**
  節前：指逢節氣時，指節氣時間之前的宜忌
  節後：指逢節氣時，指節氣時間之後的宜忌
- 每日胎神占方
- 每日沖煞年齡

- **節氣**
- 交節氣時間
- **節氣說明**

農民曆「每日宜忌」實例

- 二〇一五年　國曆正月大
- 農曆十一月　葭月　煞南方
- 朔日西風六畜災，綿絲五穀德成堆
  最喜大寒無雨雪，太平冬盡賀春來
- 每日胎神占方
- 每日沖煞年齡

- 20
- 星期二
- 刀砧日
- 農曆十二月
- 丙申
- 火
- 危
- 宜
- **宜**　祭祀、開市、破土、安葬、入宅
  忌　祈福、納采、問名、安床、解除、立券
- 廚灶爐房內北
- 沖虎5歲煞南

- **大寒**
- 酉時　17點43分
- **斗指癸為大寒，時大寒栗烈已極，故名大寒。**
  節氣諺語：大寒不寒，春分不暖。
  大寒若天氣溫暖，表氣候不順，隔年春分仍會寒冷。

各欄位所代表的意義解釋

干支：

「**天干地支**」是自商朝開始即有的記年、記日方式，以「**十天干**」（甲乙丙丁戊己庚辛壬癸）與「**十二地支**」（子丑寅卯辰巳午未申酉戌亥）相配，每六十年為一個循環。

五行：

「**五行**」指「**金木水火土**」，傳統命理認為宇宙中的萬物都可以被區分為這五個屬性。農民曆中所表示的五行，背後代表的其實是較為複雜的「**納音六十甲子**」，各種天干地支的組合代表了各種屬性的「**五行**」，對論命者而言具有參考作用，但對一般人而言用途則不大。

十二植位：

代表的是十二個「**吉凶神**」（一**建**、二**除**、三**滿**、**四平**、**五定**、**六執**、**七破**、**八危**、**九成**、**十收**、**十一開**、**十二閉**），每日的值神不同，適合做跟不適合做的事情也不同。

用事批註宜忌：

這欄裡面，主要是根據**干支日**、**五行**、**十二植位**，再加上其他比較複雜的命理概念，歸納出來在這一天裡面可以做的事情跟不宜做的事情，整體標註出來，這是目前人們從事重要活動時最方便參照的資料，是最實用的欄位。

胎神占方：

指每日**胎神**所在的地方。在民間信仰中，**胎神**是掌管胎兒生長的神明。每日胎神所在的位置都不相同，原則上多在屋子裡外，孕婦活動的範圍內。民間認為每日胎神所在的地方，所有的人都不可冒犯，否則會影響胎兒的生長，嚴重時甚至會造成流產。

沖煞生肖、年齡、方位：

指每天會沖犯到的生肖、年齡與方位。被沖煞到的人最好不要出現在任何重要的場合，像是嫁娶、出殯等，不僅本身可能會遭到無妄之災，也可能讓正在進行的事情，沒有辦法順利舉行。「**煞方**」則指當日兇神所在的地方，不管今天要做什麼事，都要盡量避免往該方向活動，以免沾染不好的氣場，影響事情的順利進行。

每日財喜方位：

指每日**財神**跟**喜神**所在的方位，如果想要沾喜氣或是獲得財運，可以在每日出門時先往財喜方位走，比較容易獲得好運道。詳細用法請參照本書**擇日擇時**單元。

每日吉凶時：

這是指這一天裡面由**吉神**所掌管的時間。在傳統的命理觀念中，好日子裡也有**吉時**與**凶時**的區分，若希望事情能進行順利，除了挑選好日子，最好也要選在吉時來進行。

重要名詞解釋

農民曆自古以來就是人們用來參照**日常行事**、**斷定吉凶**的重要根據。農民曆的編著由來已久，加上後世不斷的增補，因此在**用事名詞**上面也出現許多不同的版本。

目前流傳下來的農民曆，主要都是根據舊時社會的環境與情況所寫，不管是哪一個版本，裡頭使用的部分名詞，與我們今日所慣用之用語大不相同（例如「經絡」代表「織布」、「鼓鑄」代表「冶煉金屬」）。大多數的人看不懂這些名詞所代表的事件，使用農民曆時就會遭遇困難。

為了讓讀者瞭解農民曆之用語，底下將根據**清朝**時期曾由朝廷統一列舉的「**通書六十事**」，進行每個用語的解說，並且根據性質加以分類，加上現代行事的附註，方便瞭解與使用。

本書對農民曆用語的篩選

農民曆上面所列舉的行事對古人而言，都是需要慎重處理，甚至在舉行前要進行儀式的事情。但就目前社會發展來看，有許多已經是**不合時宜**。因此底下雖然針對大部分的用語作解釋，但在本書的「用事宜忌」中，**將僅列舉在現代社會中仍須擇吉進行的重要事項，以方便讀者使用**。

祭祀類

祭祀：祭祀祖先（或好兄弟），或祭拜神明等儀式。這裡的祭祀指的是節日或例祭之外的祭祀活動，例如建醮、大船下水等等祭祀活動，或擺放制煞物品也可以選擇宜祭祀的日子。

祈福：祈求神明保佑平安或者許願還願的事宜。

求嗣：向神明祈求子嗣的祭拜儀式。

冠帶：這是指傳統上年輕男女的成年儀式。

政事類

上冊受封：接受皇帝的賞賜。

上表章：古代臣子將奏章上呈君主。

襲爵受封：中國古代是封建社會，早在西周時期就有爵位的分封，雖然之後各朝代的規制不同，但一般來說，爵位都是由長子繼承原有的爵位，而其他的孩子則分封為低三階的爵位。此處的襲爵受封，就是指嫡長子繼承爵位與其他子嗣受封爵位的受封儀式。

上官赴任：新官上任，就職典禮。

臨政親民：皇帝或官員聽取政事、下鄉視察。

日常行事類

會親友：探訪友人、親戚，或者聚會。

入學：拜師學藝、求取手藝。

進人口：收養子女或聘納員工等。

出行：指遠行、出國觀光及旅行等。

移徙：搬家，遷移住所。

遠迴：指長距離的往返，例如歸寧。

解除：進行解災厄、除穢的儀式，或者將制煞物品由懸掛擺放處取下。

安床：包括安新床與安舊床。

安新床：像是結婚或者新屋在入宅時，都要選擇

時辰安置床鋪。

安舊床：是指可能因運勢不佳想改換方位，而重新安放床鋪的事宜。

沐浴：清洗身體，特指為重要事件而齋戒沐浴。例如主持重要儀式，或是跟隨神明遶境。

剃頭：初生嬰兒剃除胎毛，或削髮為尼。

整手足甲：初生嬰兒首次剪手足甲。

求醫療病：看醫生、治病，或者開刀。

療目：治療眼睛的疾病。

針刺：針灸之類的醫療行為。

乘船渡水：搭船過河、過江、遊湖等等。

婚姻類

結婚姻：議定婚事，兩家人締結婚姻之事。

納采問名：指受授聘金，俗稱完聘。

嫁娶：指舉行結婚迎親儀式的吉日。

嫁娶：指舉行結婚迎親儀式的吉日。

裁衣：分為兩種，一為裁製新娘禮服，另一個是為病重的老人做壽衣。

裁衣：裁製新娘服，或做壽衣。

建築類

築堤防：修建河堤邊的護欄或防水的堤防。

修造動土：房屋整修、內部裝潢等。

動土：指興建陽宅之第一次動工挖土（陰宅為「破土」）。

豎柱上樑：豎立柱子，安屋頂中樑。傳統上進行「上樑」儀式前，一定要選擇吉日吉時。

修倉庫：建築倉庫或儲藏室。

苫（唸「山」）**蓋**：以草編物品來覆蓋屋頂。

破土：興建陰宅的第一次動工。

安碓磑：安裝舂物臼磨粉器。

修置產室：修理或建築廠房、產室。

開渠穿井：開築下水道、水溝及開鑿水井等。

安碓（唸「對」）**磑**（唸「位」）：安裝舂物臼磨粉器。傳統上進行這項活動前要先舉行儀式。

補垣塞穴：補修牆壁或堵塞蟻穴及其他洞穴。

掃舍宇：打掃屋宅，指大型的大掃除。

修飾垣牆：裝修、粉刷、整理牆壁。

平治道塗：指鋪平道路等工程。

破屋壞垣：拆除舊屋圍牆之事。

工商類

鼓鑄：冶煉金屬以製錢幣或器物。

開市：公司行號商店開張或開幕，或指休完年假後首日營業或工廠開工等。

立券：訂立契約書等事。

交易：交易買賣等事。

納財：購置產業、進貨、收帳、五穀入倉等。

開倉庫：打開穀倉或囤貨的倉庫。在古代，倉庫不會隨便開啟，以免裡頭的貨物或穀物敗壞。

出貨財：出貨、送貨。

喪事類

破土：建墳墓、埋葬等（陽宅為「動土」）。

安葬：埋葬屍體，或撿骨後「進金」（將先人遺骨放入金斗甕）。

啟攢：指洗骨之事。撿死人的骨骸簡稱拾金。

農林漁牧類

伐木：砍伐樹木。古時候人們認為樹木有靈，因此在伐木前必須要舉行儀式，安撫樹靈，祭拜完畢之後才會進行。

捕捉：撲滅害蟲或生物。

取魚：結網撈魚，捕取魚類。

畋（唸「田」）獵：打獵或捕捉野獸等工作。

栽種：種植樹木、接枝、種稻等農事。

牧養：畜牧牛馬等家畜。

納畜：買入雞鴨、牛羊等來飼養。

經絡：織布、安裝織機或蠶桑之事。因為其中有安裝織機這個部分，後人也衍生為適合安裝各式機械設備的日子。

醞釀：指做醬菜、釀酒、做醋、醬油等等需要發酵的事物，由於發酵的狀況會影響事件的成敗，因此傳統上認為製作時，也要挑選吉日，以期順利釀造出好的成品。

取魚：捕取魚類。

正月開運三吉時——初一、開工、迎財神

⊙乙未年初一開門吉時與祭拜

大年初一是一年的開始，傳統上認為大年初一能迎到的財氣、喜氣與貴氣都最強。所以初一起個大早往吉祥的方位走，將能為自己帶來無與倫比的財氣與貴氣。因此這一天開門的時間與出門的方位就顯得十分重要。以時間點來說，今年最佳開門時間為丑時（一點—二點二十分）、巳時（九點—十點二十分）、午時（十一點—十三點）、未時（十三點—十五點）。可以根據平常作息或工作時間，挑選最適合的時辰來開門。

吉時一到，便可以開門，準備清茶、糖果、吉祥的水果像是橘子，以及飯、發糕與年糕等供品祭祖。米飯與糕類要插上紅色紙剪的春字，就是俗稱的「飯春花」。「春」和台語「剩」同音，象徵「年年有餘」。祭拜完後要燃放爆竹。

拜拜之後，可以出門往好的方位走，以迎接好的氣場。初一這天的喜神在西南方，貴方為正西方。出門時先往這幾個好方位，走上五十到一百步，再往自己原本的目的地前進，民間認為這樣便能夠討得好采頭。另外，財神在正西方，想要求財者可以往這個方

向走。今年的煞方在正北，盡量避免往這個方向走，以免受到不好氣場的影響。

傳統上也認為大年初一有如一天的早晨，是全新的開始，若能在年初一起得早（最遲不睡過中午），便象徵一整年都會很有活力精神。如果在大年初一的白天睡覺，就象徵在一年的開始精神萎靡、懶散、沒有活力。民俗上甚至認為這將導致種田的田會塌，養雞的會生不出雞蛋。因此，大年初一應該要盡量早起出門活動，無論是全家出外踏青遊玩，或是到附近親朋好友家拜年，到廟裡拜拜等，都能為自己跟家人求得一整年的好運與平安。

大年初一走春有益整年運勢。

⊙乙未年年初開工吉時與祭拜

初五又稱為「**隔開**」，意思就是新年的歡樂氣氛就到今天為止。新年期間放在家中神桌上的供品也都要撤收，自這天開始，一般民家就開始恢復正常的生活作息了。許多店家公司也都從這天開始上班做生意。不過並不是每一年的初五都是最好的**開市**、**開工日**。今年最佳的**開工**、**開市日期與時間**請參照下表。

店家或公司可以在門口準備各種牲禮、酒水、線香、紙錢，特別還需準備「**疏文**」。由於開工祭拜的對象是財神與行業的守護神，準備疏文是讓誠心的祈願可以完整傳達給神明，祭拜者將有機會獲得更為有力的保佑，在自己專長的行業中，創造更好的成績。所以在祭拜前也要搞懂行業**祖師爺**或**守護神**是誰，以免不小心拜錯了，既鬧笑話又難以受到保佑！

二〇一五年　乙未年年初開工開市吉時

日期	時辰	時間
正月初五	卯時	上午　五點至六點二十分
	午時	上午　十一點至十二點二十分
	未時	下午　十三點至十四點二十分
正月初十	卯時	上午　五點至七點
	辰時	上午　七點至八點二十分
	午時	上午　十一點至十二點二十分
	未時	下午　十三點至十四點二十分

田都將軍是戲曲業的守護神。

各行業守護神例

行業別	守護神明
醫療業	保生大帝、華陀、神農大帝
製藥業	神農大帝
屠宰業	玄天上帝
美髮業	孚佑帝君
航海業	天上聖母、水仙尊王
木匠業	巧聖仙師
泥水業	荷葉仙師
商賈業	福德正神、關聖帝君、財神
軍警業	關聖帝君
命理業	鬼谷子
戲曲業	西秦王爺、田都將軍
運輸業	中壇元帥
教職業	文昌帝君、魁星
特種業	豬八戒

乙未年初五迎財神吉時與祭拜

大年初五是傳統上「**迎財神**」的日子，在這天上午須要準備供品朝門口祭拜來**迎財神**，迎的則是「**五路財神**」，有兩種說法，比較常見的說法是「**東西南北中**」五路，分別是：

中路財神「玄壇真君──趙公明」

東路財神「進寶天尊──蕭升」

西路財神「納珍天尊──曹寶」

南路財神「招財使者──陳九公」

北路財神「利市仙官──姚少司」

拜「**五路財神**」的目的就是要收盡東南西北中「**五方之財**」。與「**五路財神**」類似的說法還有「**八路財神**」，**八路**指的就是一般常見的八個

大年初五，是迎五路財神的日子。

方位，不過民俗上對於八路財神究竟是哪幾位神明，並沒有明確的記載。

而「**文、武、義、富、偏**」五路財神的說法，除了上述的「**武財神──趙公明**」以外，還有：

忠貞事暴君的商朝忠臣「文財神──比干」

義薄雲天的三國武將「義財神──關公」

富可敵國的明朝富商「富財神──沈萬三」

生性好賭的漢朝名將「偏財神──韓信」

偏財神的「**偏**」，是指「**正財**」以外的財富，如兼職、自由業、買彩券、特種行業……等皆屬之。

義財神：關公。

黃帝地母經看流年

黃帝地母經共有六十首，是傳統上用來預測一年整體運勢的經文。今年為乙未年，可以對照黃帝地母經裡的「乙未」這一首詩，來看今年的整體預測。

以今年的經文來看，詩曰：

太歲乙未年，五穀皆和穗。
燕衛少田桑，偏益豐吳魏。
春夏足漂流，秋冬多旱地。
桑葉初生賤，晚蠶還值貴。
人民雖無災，六畜多瘴難。
六種不宜晚，收拾無成置。

卜曰：

歲逢羊頭出，高下中無失。
葉貴好蠶桑，斤斤皆有實。

本年度的詩歌者與卜詞，預言了今年大致上也算是平順的一年，而南方的運勢相較之下又比北方好。春夏的時候要注意水患，而秋冬又需要留意乾旱，但都不至於帶來太大的損害。唯獨從事畜牧與養殖者，要多注意牲畜容易患病，養蠶繅絲的業者，今年度可望有不錯的獲利。

以今天的角度來看，相同干支年的氣候都相同，似無科學根據，也不符合邏輯。另外預測的區域與台灣的氣候差異甚大，就台灣地區而言並不適用。儘管如此，從這些詩歌還是可以一窺過去人們的生活狀況，可視為一種十分有趣的民俗資料。

年度吉時

正月開工、開市吉日時

正月初五庚午日：卯時、午時、未時

正月初十乙亥日：卯時、辰時、午時

天赦吉日

正月十三戊寅日　三月十四戊寅日

四月初一甲午日　六月初二甲午日

八月十七戊申日　十一月初四甲子日

春社三伏日

春社日：二月初四戊戌日

秋社日：八月初七戊戌日

初伏日：五月二十八日庚寅日

中伏日：六月初八庚子日

末伏日：六月二十八日庚申日

乙未年大利方位表

大利南北，不利西方

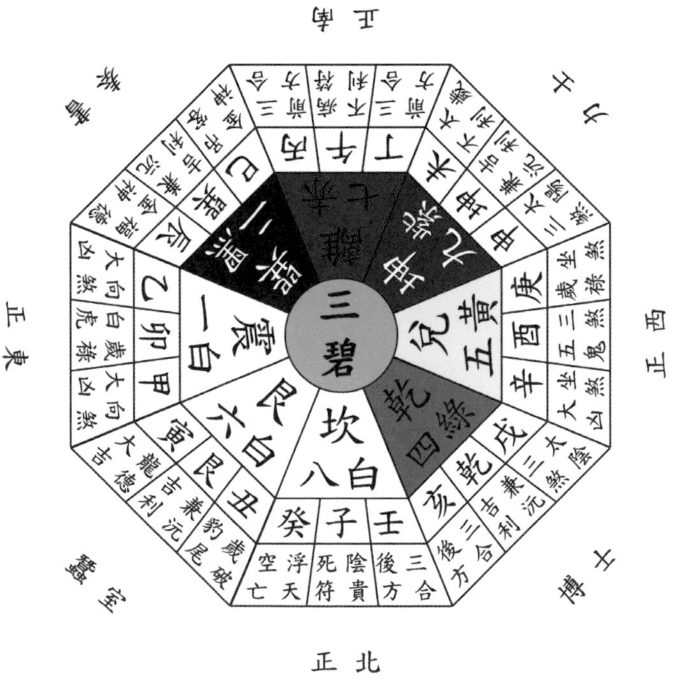

乙未年安神煞方與安神法

由於傳統信仰與中國人慎終追遠的關係，大部分的人家裡都會有**神桌**，用來祭拜祖先與神明。而**神桌**或**神龕**的裝置有許多的學問，如果沒有小心注意，任意擺放的話，嚴重的時候，有可能會導致家裡不平靜，甚至是家運衰敗。

安神位的日子挑選，要注意避開與「**家人生肖**」相沖的日子，可挑選農民曆上標明適合「**祭祀**」的日子來進行。

安神與流年煞方

「**安神位**」要特別注意「**流年煞方**」。如果準備安神位的位置正巧碰上該年的流年煞方，除了延後安神之外，可以先安「**浮爐**」來化解，也就是在香爐下墊上「**桌墊**」。

一般可以使用**金紙**，先抽掉綑綁金紙的物品，再將第一張**金箔**抽掉（或是福金的第一張全部抽起），再將其用**紅紙**包住，將其墊在香爐下面即可，另外也可以使用**盤子**。**今年為羊年，流年煞方為「西方」，所以這方位不宜安神或修造。**

安神的方法

若搬新家，或只是神桌在家中換位置而需要「**安神位**」，要先挑選適當的日子，將**神明**與**祖先**按順序自原本位置請出，神明（雕像或畫像）要用雙手捧。如果要離開室內，祖先牌位要裝在「**謝籃**」裡，下鋪刈金，撐黑色洋傘。

到新位置安神之前，牆壁先用「**刈金**」清淨，方法是將刈金點火以後，在將要安神位置的牆壁

上「**擦**」一遍，安神的順序與請出時一樣，先安神位，後安祖先牌位。

祖先牌位不可高過神像，也不能置於神爐前，因祖先牌位屬「**陰**」，宜低宜退。擺好神位再將燭台、薦盒、香爐等擺放上去。**神像的位置要比祖先牌位略後，但神明香爐與杯子的位置，則要比祖先的略前。**

安好之後，準備**五果**、**三牲**、**湯圓**、**發粿**、**清茶**、**鮮花**等拜拜。並準備**大壽金**、**壽金**、**刈金**、**土地公金**，香燃過後燒化。安好的神位不可以再隨便移動，若要清潔則必須等到每年農曆十二月二十四日「**送神**」後，才可以進行。

安神之後拜地基主

安神位當天的黃昏時，要拜「**地基主**」。一般多在廚房擺一張小桌子祭拜，如果空間不夠，也可以把流理台當供桌，如果連接著流理台上剛好有窗，則可以朝窗外拜。如果沒有窗戶，則朝後門，或是廚房後方祭拜即可。

拜拜的供品使用日常家裡的飯菜即可。一般可以準備六道菜碗、一鍋飯、三杯酒、兩副碗筷及紙錢。簡單一點的，可以用一個**有菜有肉**的便當，加上三杯酒、兩副碗筷跟紙錢就可以了。

神桌擺放的注意事項

○神桌應擺放在前方視野遼闊的地方，代表「**明堂寬闊**」，家運才會步步高升。神桌不可以朝屋後，否則會導致「**家運衰退**」。

○神桌的後方不能是樓梯或是電梯，因為向下的樓梯或電梯，都暗示「**家運衰退**」，特別

是電梯上上下下，氣場混亂，影響更為嚴重。

◯神桌後方與正上方不能是瓦斯爐或者廚房，因為若是瓦斯爐則暗示「**火燒神明**」，而廁所則形同將神明祖先置於穢物旁，特別是神桌後方就是馬桶時，這樣的情形都會導致「**家運衰退**」。

◯如果神桌的後方是房間，夫妻或是**十二歲到六十五歲之間**的單身或已婚者，都要避免睡在這裡，以免影響夫妻感情，或不利姻緣。

◯如果神桌樓上的位置作為臥室，床要小心避開神桌所在的地方，否則因為**壓住神明**的關係，對於睡在這裡的人，身體上會有不好的影響。

◯神桌的上方不可以有橫樑通過，象徵挑著「**重擔**」，暗示一家人做事辛苦。另外這樣的狀況也容易導致家人有頭部方面的毛病。

◯神桌上方要避免擺放不相干的物品，特別是**人形雕塑**或**玩具公仔**，因為神桌經常會受到**燒香膜拜**的關係，可能會有**不明的靈體**藉機進入這些人形物接受膜拜，會使家中出現**怪事**。

◯神桌的前方及左右，包括神桌底下，都要避免堆放物品，神桌正上方的樓上空間則要避免設置櫃子或是床鋪之類的大型家具，因為神桌若是被雜物擋住、壓住，家運容易受到影響。

◯神桌前面如果有安裝長形的日光燈，要特別注意一定要與神桌平行懸掛，如果燈管的方向與神桌垂直，就如同一枝利箭直接射向神明與祖先，形成「弓箭煞」，除了對家人運

勢有不好的影響外，也直接暗示了容易有意外血光的情形發生。

○神桌的高度或與牆壁的距離，都要盡量合於「魯班尺」的吉字，如果場地有限制，至少高度需符合吉字。

○神桌的左右也要特別注意，虎邊不可以太迫近牆邊，所謂「迫虎傷人」，神桌太靠近虎邊對於主人來說會有不良影響。神桌安置要穩固不搖晃，避免碰撞或地震時造成東西摔落。

○民俗上認為「龍怕臭，虎怕吵」，因此神桌的左邊不能是廁所正沖，而右邊則不能擺放會發出聲音的家電，例如電視、音響、冰箱等。

神桌擺放不可隨便。

二〇一五年國曆正月大	1	2	3	4	5	6
	星期四	星期五	星期六	星期日	星期一	星期二
	太乙救苦天尊聖誕 月德合		勿探病			勿探病
農曆十一月 葭月 煞南方	十一	十二	十三	十四	十五	十六
	丁丑	戊寅	己卯	庚辰	辛巳	壬午
	水	土	土	金	金	木
	除	滿	平	定	執	執破
	宜	宜	★	宜	宜	★
朔日西風六畜災，綿絲五穀德成堆 最喜大寒無雨雪，太平冬盡賀春來	**宜** 祭祀、祈福、出行、納采、問名、嫁娶、移徙、解除、沐浴、修造動土、豎柱上樑、立券、交易、納財、安葬、入宅	**宜** 出行、解除、修造動土、豎柱上樑、立券、 **忌** 祭祀、納采、問名、移徙	**日逢受死日，不宜諸吉事**	**宜** 祭祀、祈福、納采、問名、嫁娶、修造動土、豎柱上樑、入宅 **忌** 解除	**宜** 祭祀、入宅 **忌** 祈福、出行、納采、問名、嫁娶、移徙、安床、解除、剃頭、修造動土、豎柱上樑、開市、破土、安葬、啟攢	**忌** 祈福、出行、納采、問名、嫁娶、移徙、安床、解除、修造動土、豎柱上樑、破土、安葬、啟攢
每日胎神占方	倉庫廁外正西	房床爐外正西	占大門外正西	碓磨栖外正西	廚灶床外正西	倉庫碓外西北
每日沖煞年齡	沖羊24歲煞東	沖猴23歲煞北	沖雞22歲煞西	沖狗21歲煞南	沖豬20歲煞東	沖鼠19歲煞北

小寒

子時 00點21分

斗指戊為小寒，時天氣漸寒，尚未大冷，故名小寒。

節氣諺語：小寒大冷，人馬安。

小寒時天氣應寒冷，人畜才會平安。

7	8	9	10
三期星	四期星	五期星	六期星
	刀砧日	月德合 天德合 刀砧日	
十七	十八	十九	二十
癸未	甲申	乙酉	丙戌
木	水	水	土
破	危	成	收
宜	宜	★	宜
宜 祭祀 **忌** 祈福、出行、納采、問名、嫁娶、移徙、安床、解除、修造動土、豎柱上樑、開市、立券、破土、安葬、啟攢	**宜** 祭祀、出行、移徙、修造動土、豎柱上樑、開市、破土、安葬、入宅 **忌** 祈福、納采、問名、安床、解除、立券	**日逢受死日，不宜諸吉事**	**宜** 祭祀 **忌** 祈福、出行、納采、問名、嫁娶、移徙、安床、解除、修造動土、豎柱上樑、開市、立券、破土、安葬、啟攢
房床廁外西北	占門爐外西北	碓磨門外西北	廚灶棲外西北
沖牛18歲煞西	沖虎17歲煞南	沖兔16歲煞東	沖龍15歲煞北

15	14	13	12	11
星期四	星期三	星期二	星期一	星期日
	天德、月德			
廿五	廿四	廿三	廿二	廿一
辛卯	庚寅	己丑	戊子	丁亥
木	木	火	火	土
滿	除	建	閉	開
宜	宜	★	宜	宜
宜 祭祀 **忌** 祈福、出行、納采、問名、嫁娶、移徙、安床、解除、修造動土、豎柱上樑、開市、立券、破土、安葬、啟攢	**宜** 納采、問名、嫁娶、移徙、解除、修造動土、豎柱上樑、立券、破土、安葬、啟攢 **忌** 祭祀、出行	**忌** 祈福、出行、納采、問名、嫁娶、移徙、安床、解除、修造動土、豎柱上樑、開市、立券、破土、安葬、啟攢	**宜** 祭祀 **忌** 祈福、出行、納采、問名、嫁娶、移徙、遠迴、安床、解除、修造動土、豎柱上樑、開市、立券、破土	**宜** 祭祀、入宅 **忌** 祈福、出行、納采、問名、嫁娶、移徙、遠迴、安床、解除、修造動土、豎柱上樑、開市、立券、破土、安葬、啟攢
廚灶門外正北	碓磨爐外正北	占門廁外正北	房床碓外正北	倉庫床外西北
沖雞10歲煞西	沖猴11歲煞北	沖羊12歲煞東	沖馬13歲煞南	沖蛇14歲煞西

大寒

酉時 17點43分

斗指癸為大寒，時大寒栗烈已極，故名大寒。

節氣諺語：大寒不寒，春分不暖。

大寒若天氣溫暖，表氣候不順，隔年春分仍會寒冷。

	16	17	18	19	20
星期	星期五	星期六	星期日	星期一	星期二
				天德合 月德合	刀砧日
農曆	廿六	廿七	廿八	廿九	農曆十二月
干支	壬辰	癸巳	甲午	乙未	丙申
五行	水	水	金	金	火
建除	平	定	執	破	危
	★	宜	宜	宜	宜
宜		納采、問名、修造動土、豎柱上樑、立券、入宅	祭祀、入宅	祭祀、解除	祭祀、開市、破土、安葬、入宅
忌	祈福、出行、納采、問名、嫁娶、移徙、安床、解除、修造動土、豎柱上樑、開市、立券、破土、安葬、啟攢	出行、嫁娶、解除、破土、安葬、啟攢	祈福、納采、問名、安床、解除、立券	祈福、出行、納采、問名、嫁娶、移徙、安床、修造動土、豎柱上樑、開市、立券、破土、安葬、啟攢	祈福、納采、問名、安床、解除、立券
胎神	倉庫栖外正北	占房床房內北	占門碓房內北	碓磨廁房內北	廚灶爐房內北
沖煞	沖狗9歲煞南	沖豬8歲煞東	沖鼠7歲煞北	沖牛6歲煞西	沖虎5歲煞南

21	22	23	24	25
星期三	星期四	星期五	星期六	星期日
刀砧日			天德 月德	
初二	初三	初四	初五	初六
丁酉	戊戌	己亥	庚子	辛丑
火	木	木	土	土
成	收	開	閉	建
宜	宜	宜	宜	宜
宜 出行、納采、問名、嫁娶、移徙、解除、修造動土、豎柱上樑、開市、立券、破土、安葬、啟攢	**宜** 祭祀 **忌** 祈福、出行、納采、問名、嫁娶、移徙、安床、解除、修造動土、豎柱上樑、開市、立券、破土、安葬、啟攢	**宜** 祭祀 **忌** 祈福、出行、納采、問名、嫁娶、移徙、遠迴、安床、解除、修造動土、豎柱上樑、開市、立券、破土、安葬、啟攢	**宜** 祭祀、安葬、啟攢 **忌** 移徙、修造動土、破土	**宜** 祭祀、祈福、納采、問名、解除、豎柱上樑、出行、嫁娶、移徙、修造動土、破土
倉庫門房內北	房床栖房內南	占門床房內南	占碓磨房內南	廚灶廁房內南
沖兔4歲煞東	沖龍3歲煞北	沖蛇2歲煞西	沖馬1歲煞南	沖羊60歲煞東

乙未年每日宜忌

31	30	29	28	27	26
六期星	五期星	四期星	三期星	二期星	一期星
		天德合 月德合			勿探病
十二	十一	初十	初九	初八	初七
丁未	丙午	乙巳	甲辰	癸卯	壬寅
水	水	火	火	金	金
破	執	定	平	滿	除
★	★	宜	★	宜	宜
諸事不宜	**忌** 祈福、出行、納采、問名、嫁娶、移徙、安床、解除、修造動土、豎柱上樑、開市、立券、破土、安葬、啟攢	**宜** 祭祀、祈福、納采、問名、嫁娶、移徙、解除、修造動土、豎柱上樑、立券、入宅 **忌** 出行	**諸事不宜**	**宜** 祭祀 **忌** 祈福、出行、納采、問名、嫁娶、移徙、安床、解除、修造動土、豎柱上樑、開市、立券、破土、安葬、啟攢	**宜** 入宅 **忌** 祭祀、祈福、出行、納采、問名、嫁娶、移徙、安床、解除、修造動土、豎柱上樑、開市、立券、破土、安葬、啟攢
倉庫廁房內東	廚灶碓房內東	碓磨床房內東	門雞棲房內東	房床門房內南	倉庫爐房內南
沖牛54歲煞西	沖鼠55歲煞北	沖豬56歲煞東	沖狗57歲煞南	沖雞58歲煞西	沖猴59歲煞北

二〇一五年 國曆二月小	1	2	3	4
	星期日	星期一	星期二	星期三
	刀砧日	刀砧日	天德 月德	月德合 刀砧日
農曆十二月 臘月 煞東方	十三	十四	十五	十六
	戊申	己酉	庚戌	辛亥
	土	土	金	金
	危	成	收	收開
	宜	★	宜	宜
立春最喜晴一日，元旦景雲光齊天 雨水連綿是豐年，農夫不用力耕田	**宜** 祭祀、開市 **忌** 祈福、納采、問名、安床、解除、求醫療病、立券	**日逢受死日，不宜諸吉事**	**宜** 祭祀	**宜** 祭祀、祈福、出行、納采、問名、移徙、解除、沐浴、修造動土、豎柱上樑、開市、立券 **忌** 嫁娶
每日胎神占方	房床爐房內東	占大門外東北	碓磨栖外東北	廚灶床外東北
每日沖煞年齡	沖虎53歲煞南	沖兔52歲煞東	沖龍51歲煞北	沖蛇50歲煞西

立春

午時 11點58分

斗指東北維為立春，時春氣始至，四時之卒始，故名立春也。

節氣諺語：立春打雷，十處豬欄九處空。

立春這天如果打雷，會六畜不安。相反的，雷不打春，今年一定好年冬。

乙未年每日宜忌

10	9	8	7	6	5
二期星	一期星	日期星	六期星	五期星	四期星
天德		勿探病	勿探病		天德合 刀砧日
廿二	廿一	二十	十九	十八	十七
巳丁	辰丙	卯乙	寅甲	丑癸	子壬
土	土	水	水	木	木
平	滿	除	建	閉	開
宜	宜	宜	宜	★	宜
宜 祭祀 **忌** 祈福、出行、解除	**宜** 祭祀、祈福、出行、納采、問名、移徙、解除、修造動土、豎柱上樑、開市、立券、安葬	**宜** 出行、解除、立券、破土、啟攢、入宅	**宜** 立券 **忌** 祭祀、祈福、出行、納采、問名、嫁娶、移徙、解除、剃頭、修造動土、豎柱上樑、破土、安葬、啟攢	**諸事不宜**	**宜** 祭祀、祈福、出行、納采、問名、嫁娶、移徙、解除、沐浴、修造動土、豎柱上樑、開市
正床倉 東外庫	正棲廚 東外灶	正門碓 東外磨	東爐占 北外門	東廁房 北外床	東碓倉 北外庫
煞44沖 東歲豬	煞45沖 南歲狗	煞46沖 西歲雞	煞47沖 北歲猴	煞48沖 東歲羊	煞49沖 南歲馬

16	15	14	13	12	11
一期星	日期星	六期星	五期星	四期星	三期星
刀砧日	天德合	月德合	天神下降	送神日	
廿八	廿七	廿六	廿五	廿四	廿三
亥癸	戌壬	酉辛	申庚	未己	午戊
水	水	木	木	火	火
收	成	危	破	執	定
宜	★	★	★	★	宜
宜 祭祀 **忌** 嫁娶、破土、安葬、啟攢	**日逢受死日，不宜諸吉事**	**諸事不宜**	**諸事不宜**	**忌** 納采、問名、嫁娶、開市、立券	**宜** 祭祀、祈福、出行、納采、問名、嫁娶、移徙、修造動土、豎柱上樑、開市、立券、入宅 **忌** 解除
占房床外東南	倉庫栖外東南	廚灶門外東南	碓磨爐外東南	占門廁外正東	房床碓外正東
沖蛇38歲煞西	沖龍39歲煞北	沖兔40歲煞東	沖虎41歲煞南	沖牛42歲煞西	沖鼠43歲煞北

17	18	19	雨水	20
星期二	星期三	星期四		星期五
刀砧日		春節 月德		天德
廿九	三十	正月初一	辰時 7點50分	初二
甲子	乙丑	丙寅		丁卯
金	金	火		火
開	閉	建		除
宜	★	宜		宜
宜 祭祀 **忌** 納采、問名、破土、安葬、啟攢	**諸事不宜**	**宜** 納采、問名、解除、豎柱上樑、立券、安葬、啟攢 **忌** 祭祀、出行、嫁娶、移徙、修造動土、破土	**斗指壬為雨水，時東風解凍，冰雪皆散而為水，化而為雨，故名雨水。** **節氣諺語：雨水，海水卡冷鬼。** 雨水時節雖已入春，但溫度仍低，海水摸起來還是非常冷冽。	**宜** 祭祀、祈福、出行、納采、問名、嫁娶、移徙、解除、沐浴、修造動土、豎柱上樑、立券、交易、納財、破土、安葬、啟攢 **忌** 剃頭、穿井
占門碓外東南	碓磨廁外東南	廚灶爐外正南		倉庫門外正南
沖馬37歲煞南	沖羊36歲煞東	沖猴36歲煞北		沖雞35歲煞西

25	24	23	22	21
三期星	**二期星**	**一期星**	**日期星**	**六期星**
	清水祖師聖誕	勿探病	孫真人聖誕	
初七	**初六**	**初五**	**初四**	**初三**
壬申	辛未	庚午	己巳	戊辰
金	土	土	木	木
破	執	定	平	滿
宜	宜	宜	★	宜
宜 祭祀、解除 **忌** 祈福、出行、納采、問名、嫁娶、移徙、安床、修造動土、豎柱上樑、開市、立券、破土、安葬、啟攢	**宜** 祭祀、入宅 **忌** 祈福、出行、納采、問名、嫁娶、移徙、安床、解除、修造動土、豎柱上樑、開市、立券、破土、安葬、啟攢	**宜** 入宅 **忌** 祭祀、祈福、出行、納采、問名、嫁娶、移徙、安床、修造動土、豎柱上樑、破土、安葬、啟攢	**忌** 祈福、出行、納采、問名、嫁娶、移徙、安床、解除、修造動土、豎柱上樑、開市、立券、破土、安葬、啟攢	**宜** 祭祀、祈福 **忌** 納采、問名、嫁娶、開市、立券
倉庫爐外西南	廚灶廁外西南	占碓磨外正南	占門床外正南	房床栖外正南
沖虎30歲煞南	沖牛31歲煞西	沖鼠32歲煞北	沖豬33歲煞東	沖狗34歲煞南

26	27	28
星期四	星期五	星期六
	玉皇上帝聖誕	刀砧日
初八	初九	初十
癸酉	甲戌	乙亥
金	火	火
危	成	收
宜	★	宜
宜 祭祀、破土、安葬、入宅 **忌** 祈福、出行、納采、問名、嫁娶、移徙、安床、解除、修造動土、豎柱上樑、開市	**日逢受死日，不宜諸吉事**	**宜** 祭祀、祈福、出行、納采、問名、移徙、修造動土、豎柱上樑、開市、立券、入宅 **忌** 嫁娶
房床門外西南	門碓栖外西南	碓磨床外西南
沖兔29歲煞東	沖龍28歲煞北	沖蛇27歲煞西

二〇一五年 國曆三月大	1	2	3	4	5
	星期日	星期一	星期二	星期三	星期四
	月德 刀砧日	天德	天赦日 關聖帝君 飛昇日	勿探病	元宵節 天官聖誕
農曆正月 端月 煞北方	十一	十二	十三	十四	十五
	丙子	丁丑	戊寅	己卯	庚辰
	水	水	土	土	金
	開	閉	建	除	滿
	宜	宜	宜	宜	宜
驚蟄聞雷米似泥，春分有雨病人稀 月中但得逢三卯，處處棉花豆麥宜	**宜** 祭祀、祈福、出行、納采、問名、嫁娶、移徙、解除、沐浴、修造動土、豎柱上樑、開市、納財	**宜** 祭祀 **忌** 祈福、出行、納采、問名、嫁娶、移徙、安床、解除、修造動土、豎柱上樑、開市、立券、交易、納財、破土、安葬、啟攢	**宜** 納采、問名、解除、豎柱上樑、立券、交易、納財、安葬 **忌** 祭祀、出行、嫁娶、移徙、修造動土、破土	**宜** 出行、嫁娶、解除、立券、交易、入宅	**宜** 祭祀、祈福 **忌** 納采、問名、嫁娶、開市、立券、交易、納財
每日胎神占方	廚灶碓外西南	倉庫廁外正西	房床爐外正西	占大門外正西	碓磨栖外正西
每日沖煞年齡	沖馬26歲煞南	沖羊25歲煞東	沖猴24歲煞北	沖雞23歲煞西	沖狗22歲煞南

6	驚蟄	7	8	9	10
星期五		星期六	星期日	星期一	星期二
		勿探病			
十六	辰時 5點56分	十七	十八	十九	二十
辛巳		壬午	癸未	甲申	乙酉
金		木	木	水	水
滿平		平	定	執	破
宜		宜	宜	宜	★
宜 祭祀、祈福、開市、立券、交易、納財 **忌** 出行、納采、問名、嫁娶、移徙、修造動土、破土、安葬、啟攢	**斗指丁為驚蟄，雷鳴動，蟄蟲皆震起而出，故名驚蟄。** **節氣諺語：未驚蟄打雷，會四十九日烏。** 如果驚蟄之前就打雷，會連續下四十九天雨。	**宜** 祭祀 **忌** 祈福、出行、納采、問名、嫁娶、移徙、安床、解除、修造動土、豎柱上樑、開市、立券、交易、納財、破土、安葬、啟攢	**宜** 祭祀、祈福、納采、問名、嫁娶、修造動土、豎柱上樑、立券、交易、納財、入宅 **忌** 解除	**宜** 祭祀、入宅 **忌** 安床、開市、立券、交易、納財	**諸事不宜**
廚灶床外正西		倉庫碓外西北	房床廁外西北	占門爐外西北	碓磨門外西北
沖豬21歲煞東		沖鼠20歲煞北	沖牛19歲煞西	沖虎18歲煞南	沖兔17歲煞東

17	16	15	14	13	12	11
星期二	**星期一**	**星期日**	**星期六**	**星期五**	**星期四**	**星期三**
			月德合	刀砧日	刀砧日	
廿七	**廿六**	**廿五**	**廿四**	**廿三**	**廿二**	**廿一**
壬辰	辛卯	庚寅	己丑	戊子	丁亥	丙戌
水	木	木	火	火	土	土
除	建	閉	開	收	成	危
★	宜	宜	宜	★	宜	宜
日逢受死日，不宜諸吉事	**宜** 祭祀、出行、立券、交易 **忌** 祈福、納采、問名、嫁娶、解除、修造動土、豎柱上樑、破土、安葬、啟攢	**宜** 立券、交易、納財、破土、啟攢 **忌** 祭祀、祈福、出行、納采、問名、嫁娶、移徙、解除修造動土、豎柱上樑、開市	**宜** 祭祀、祈福、出行、納采、問名、嫁娶、移徙、解除、修造動土、豎柱上樑、開市、納財、入宅	**諸事不宜**	**宜** 祭祀、祈福、出行、納采、問名、移徙、解除、修造動土、豎柱上樑、開市、立券、交易、納財、入宅 **忌** 嫁娶、破土、安葬、啟攢	**宜** 祭祀
倉庫栖外正北	廚灶門外正北	碓磨爐外正北	占門廁外正北	房床碓外正北	倉庫床外西北	廚灶栖外西北
沖狗10歲煞南	沖雞11歲煞西	沖猴12歲煞北	沖羊13歲煞東	沖馬14歲煞南	沖蛇15歲煞西	沖龍16歲煞北

春分	21	20	19	18
	星期六	星期五	星期四	星期三
	福德正神千秋		月德	
辰時 6點45分	初二	二月初一	廿九	廿八
	丙申	乙未	甲午	癸巳
	火	金	金	水
	執	定	平	滿
	宜	宜	宜	宜
斗指壬為春分，日行周天，南北兩半球晝夜均分，又當春之半，故名。 **節氣諺語：春分，日暝對分。** 春分到，晝夜各半，平均為十二小時。	**宜** 祭祀、入宅 **忌** 祈福、出行、納采、問名、嫁娶、移徙、安床、解除、修造動土、豎柱上樑、開市、立券、交易、納財、破土、安葬、啟攢	**宜** 祭祀、祈福、納財、入宅 **忌** 出行、納采、問名、嫁娶、移徙、安床、解除、修造動土、豎柱上樑、開市、立券、交易、破土、安葬、啟攢	**宜** 祭祀	**宜** 祭祀、祈福、開市、立券、交易、納財 **忌** 出行、納采、問名、嫁娶、移徙、修造動土、破土、安葬、啟攢
	廚灶爐房內北	碓磨廁房內北	占門碓房內北	占房床房內北
	沖虎6歲煞南	沖牛7歲煞西	沖鼠8歲煞北	沖豬9歲煞東

27	26	25	24	23	22
五期星	四期星	三期星	二期星	一期星	日期星
勿探病		刀砧日	月德合 刀砧日		文昌帝君聖誕
初八	初七	初六	初五	初四	初三
壬寅	辛丑	庚子	己亥	戊戌	丁酉
金	土	土	木	木	火
閉	開	收	成	危	破
宜	宜	★	宜	★	★
宜立券、交易、納財、破土、啟攢 **忌**祭祀、祈福、出行、納采、問名、嫁娶、移徙、安床、解除、修造動土、豎柱上樑、開市	**宜**祭祀、祈福、出行、移徙、解除、修造動土、豎柱上樑、入宅 **忌**開市、立券、交易、納財	**諸事不宜**	**宜**祭祀、祈福、出行、納采、問名、移徙、解除、沐浴、修造動土、豎柱上樑、開市、立券、交易、納財、入宅 **忌**嫁娶	**忌**祈福、出行、解除、剃頭、修造動土、豎柱上樑	**諸事不宜**
倉庫爐房內南	廚灶廁房內南	占碓磨房內南	占門床房內南	房床栖房內南	倉庫門房內北
沖猴60歲煞北	沖羊1歲煞東	沖馬2歲煞南	沖蛇3歲煞西	沖龍4歲煞北	沖兔5歲煞東

31	30	29	28
二期星	一期星	日期星	六期星
		月德	勿探病
十二	十一	初十	初九
丙午	乙巳	甲辰	癸卯
水	火	火	金
平	滿	除	建
宜	宜	★	宜
宜 祭祀 **忌** 祈福、出行、納采、問名、嫁娶、移徙、安床、解除、修造動土、豎柱上樑、開市、立券、交易、納財、破土、安葬、啟攢	**宜** 祭祀、祈福、開市、立券、交易、納財 **忌** 出行、納采、問名、嫁娶、移徙、修造動土、破土、安葬、啟攢	**日逢受死日，不宜諸吉事**	**宜** 祭祀、出行、立券、交易、 **忌** 祈福、納采、問名、嫁娶、解除、修造動土、豎柱上樑、破土、安葬、啟攢
廚灶碓房內東	碓磨床房內東	門雞栖房內東	房床門房內南
沖鼠56歲煞北	沖豬57歲煞東	沖狗58歲煞南	沖雞59歲煞西

二〇一五年 國曆四月小	1	2	3	4	5
	三期星	四期星	五期星	六期星	日期星
			月德合 三山國王 千秋	開漳聖王 千秋	刀砧日
農曆二月 花月 煞西方	十三	十四	十五	十六	十七
	丁未	戊申	己酉	庚戌	辛亥
	水	土	土	金	金
	定	執	破	危	危成
	宜	★	★	★	宜
風雨相逢初一頭，沿村瘟疫萬人憂 清明風若從南至，定是農家有大收	**宜** 祭祀、祈福、出行、移徙、修造動土、豎柱上樑、立券、交易、納財 **忌** 納采、問名、嫁娶、解除	**忌** 祈福、出行、納采、問名、嫁娶、移徙、安床、解除、修造動土、豎柱上樑、開市、立券、交易、納財、破土、安葬、啟攢	**諸事不宜**	**忌** 祈福、出行、解除、修造動土、豎柱上樑	**宜** 安床、納財 **忌** 祈福、出行、嫁娶、解除、破土、安葬、啟攢
每日胎神占方	倉庫廁房內東	房床爐房內東	占大門外東北	碓磨栖外東北	廚灶床外東北
每日沖煞年齡	沖牛55歲煞西	沖虎54歲煞南	沖兔53歲煞東	沖龍52歲煞北	沖蛇51歲煞西

清明

巳時 10點39分

斗指丁為清明，時萬物潔顯而清明，時當氣清景明，故名。

節氣諺語：清明芋，穀雨薑。

清明時節是為適合種植芋頭、而接下來的穀雨則是可以種生薑的時候。

6	7	8	9
星期一	星期二	星期三	星期四
天德 月德 刀砧日	觀世音菩薩聖誕	勿探病	普賢菩薩聖誕 勿探病
十八	十九	二十	廿一
壬子	癸丑	甲寅	乙卯
木	木	水	水
成	收	開	閉
宜	宜	宜	★
宜 祭祀、祈福、出行、納采、問名、嫁娶、解除、修造動土、豎柱上樑、開市、立券、交易、納財、破土、安葬、啟攢 **忌** 移徙	**宜** 祭祀、納財 **忌** 祈福、出行、納采、問名、嫁娶、移徙、安床、解除、修造動土、豎柱上樑、開市、立券、交易、破土、安葬、啟攢	**宜** 出行、移徙、解除、修造動土、豎柱上樑、開市、立券、交易、入宅 **忌** 祭祀、納采、問名、嫁娶	**忌** 祈福、出行、納采、問名、嫁娶、移徙、安床、解除、修造動土、豎柱上樑、開市、立券、交易、納財、破土、安葬、啟攢
倉庫 碓外 東北	房床 廁外 東北	占門 爐外 東北	碓磨 門外 正東
沖馬 50歲 煞南	沖羊 49歲 煞東	沖猴 48歲 煞北	沖雞 47歲 煞西

14	13	12	11	10
二期星	一期星	日期星	六期星	五期星
			天德合 月德合	
廿六	廿五	廿四	廿三	廿二
庚申	己未	戊午	丁巳	丙辰
木	火	火	土	土
定	平	滿	除	建
宜	★	宜	宜	宜
宜 祭祀 **忌** 祈福、出行、納采、問名、嫁娶、移徙、安床、解除、修造動土、豎柱上樑、開市、立券、交易、納財、破土、安葬、啟攢	**諸事不宜**	**宜** 祭祀 **忌** 祈福、出行、納采、問名、嫁娶、移徙、安床、解除、修造動土、豎柱上樑、開市、立券、交易、納財、破土、安葬、啟攢	**宜** 祭祀、祈福、納采、問名、嫁娶、移徙、解除、修造動土、豎柱上樑、開市、立券、交易、納財 **忌** 出行	**宜** 祭祀 **忌** 祈福、出行、納采、問名、嫁娶、移徙、安床、解除、修造動土、豎柱上樑、開市、立券、交易、納財、破土、安葬、啟攢
碓磨爐外東南	占門廁外正東	房床碓外正東	倉庫床外正東	廚灶棲外正東
沖虎42歲煞南	沖牛43歲煞西	沖鼠44歲煞北	沖豬45歲煞東	沖狗46歲煞南

乙未年每日宜忌

15	16	17	18	19
星期三	星期四	星期五	星期六	星期日
	天德 月德	刀砧日	刀砧日	
廿七	廿八	廿九	三十	三月初一
辛酉	壬戌	癸亥	甲子	乙丑
木	水	水	金	金
執	破	危	成	收
宜	宜	★	宜	宜
宜 祭祀 **忌** 祈福、出行、納采、問名、嫁娶、移徙、安床、解除、修造動土、豎柱上樑、開市、立券、交易、納財、破土、安葬、啟攢	**宜** 祭祀、解除 **忌** 祈福、出行、納采、問名、嫁娶、移徙、安床、解除、修造動土、豎柱上樑、開市、立券、交易、納財、破土、安葬、啟攢	**日逢受死日，不宜諸吉事**	**宜** 祭祀、祈福、出行、豎柱上樑、開市、立券、交易、納財 **忌** 納采、問名、嫁娶、移徙、修造動土、破土、安葬	**宜** 祭祀、納財 **忌** 祈福、出行、納采、問名、嫁娶、移徙、安床、解除、修造動土、豎柱上樑、開市、立券、交易、破土、安葬、啟攢
廚灶門外東南	倉庫棲外東南	占房床外東南	占門碓外東南	碓磨廁外東南
沖兔41歲煞東	沖龍40歲煞北	沖蛇39歲煞西	沖馬38歲煞南	沖羊37歲煞東

20	穀雨	21	22	23	24
一期星		二期星	三期星	四期星	五期星
		天德合 月德合			濟公活佛成道日 勿採病
初二	酉時 17點42分	初三	初四	初五	初六
丙寅		丁卯	戊辰	己巳	庚午
火		火	木	木	土
開		閉	建	除	滿
宜		宜	★	宜	宜
宜 出行、納采、問名、移徙、解除、修造動土、豎柱上樑、開市、立券、交易、納財、入宅 **忌** 祭祀、嫁娶	**斗指癸為穀雨，言雨生百穀也。時必雨下降，百穀滋長之意。** **節氣諺語：穀雨前三日無茶挽，穀雨後三日挽不及。** 這是指穀雨左右要開始摘採春茶、製春茶，這段期間茶農最為忙碌。	**宜** 祭祀	**諸事不宜**	**宜** 入宅 **忌** 祈福、出行、納采、問名、嫁娶、移徙、安床、修造動土、豎柱上樑、破土、安葬、啟攢	**宜** 祭祀 **忌** 祈福、出行、納采、問名、嫁娶、移徙、安床、解除、修造動土、豎柱上樑、開市、立券、交易、納財、破土、安葬、啟攢
廚灶爐外正南		倉庫門外正南	房床栖外正南	占門床外正南	占碓磨外正南
沖猴36歲煞北		沖雞35歲煞西	沖狗34歲煞南	沖豬33歲煞東	沖鼠32歲煞北

30	29	28	27	26	25
四期星	三期星	二期星	一期星	日期星	六期星
刀砧日	刀砧日			天德 月德	
十二	十一	初十	初九	初八	初七
丙子	乙亥	甲戌	癸酉	壬申	辛未
水	火	火	金	金	土
成	危	破	執	定	平
宜	★	宜	宜	宜	★
宜 祭祀、祈福、出行、納采、問名、嫁娶、解除、修造動土、豎柱上樑、開市、立券、交易、納財、破土、啟攢 **忌** 移徙	**日逢受死日，不宜諸吉事**	**宜** 祭祀 **忌** 祈福、出行、納采、問名、嫁娶、移徙、安床、修造動土、豎柱上樑、開市、立券、交易、納財、破土、安葬、啟攢	**宜** 祭祀、祈福、嫁娶、解除、安葬 **忌** 修造動土、開市、立券、交易、納財、破土	**宜** 祭祀 **忌** 出行、納采、問名、嫁娶、移徙、安床	**諸事不宜**
廚灶碓外西南	碓磨床外西南	門碓栖外西南	房床門外西南	倉庫爐外西南	廚灶廁外西南
沖馬26歲煞南	沖蛇27歲煞西	沖龍28歲煞北	沖兔29歲煞東	沖虎30歲煞南	沖牛31歲煞西

二〇一五年 國曆五月大	1	2	3	4	5	6
	星期五	星期六	星期日	星期一	星期二	星期三
	天德合 月德合	天赦日	保生大帝 聖誕 勿探病	準提菩薩 聖誕		勿探病
農曆三月 桐月 煞南方 立夏東風少病痾，晴逢初八果生多 雷鳴甲子庚辰日，定主蝗蟲侵損禾	十三	十四	十五	十六	十七	十八
	丁丑	戊寅	己卯	庚辰	辛巳	壬午
	水	土	土	金	金	木
	收	開	閉	建	除	除滿
	宜	宜	★	★	★	宜
	宜祭祀、祈福、出行、納采、問名、嫁娶、移徙、解除、修造動土、豎柱上樑、納財、安葬	**宜**出行、納采、問名、嫁娶、移徙、解除、修造動土、豎柱上樑、開市、立券、交易、入宅 **忌**祭祀	**忌**祈福、出行、納采、問名、嫁娶、移徙、安床、解除修造動土、豎柱上樑、開市、立券、交易、納財、破土、安葬、啟攢	**諸事不宜**	**忌**祈福、出行、納采、問名、嫁娶、移徙、安床、修造動土、豎柱上樑、破土、安葬、啟攢	**宜**祭祀、祈福、出行、解除、破土、安葬、入宅
每日胎神占方	倉庫廁外正西	房床爐外正西	占大門外正西	碓磨栖外正西	廚灶床外正西	倉庫碓外西北
每日沖煞年齡	沖羊25歲煞東	沖猴24歲煞北	沖雞23歲煞西	沖狗22歲煞南	沖豬21歲煞東	沖鼠20歲煞北

立夏

寅時 3點53分

斗指東南維為立夏，萬物至此皆已長大，故名立夏。

節氣諺語：立夏，補老父。

民俗上，立夏日要為年老的父親進補。

7	8	9	10
星期四	星期五	星期六	星期日
太陽星君聖誕	註生娘娘千秋	月德合	天德合
十九	二十	廿一	廿二
癸未	甲申	乙酉	丙戌
木	水	水	土
滿	平	定	執
宜	宜	宜	宜
宜 祭祀 **忌** 祈福、出行、納采、問名、嫁娶、移徙、安床、解除、修造動土、豎柱上樑、開市、立券、交易、納財、破土、安葬、啟攢	**宜** 祭祀 **忌** 祈福、出行、安床、解除、修造動土、豎柱上樑	**宜** 祭祀、祈福、出行、納采、問名、嫁娶、移徙、解除、修造動土、豎柱上樑、開市、立券、交易、納財、破土、安葬、入宅	**宜** 祭祀、祈福、入宅 **忌** 出行、納采、問名、嫁娶、移徙、安床、解除、修造動土、豎柱上樑、開市、立券、交易、破土、安葬、啟攢
房床廁外西北	占門爐外西北	碓磨門外西北	廚灶栖外西北
沖牛19歲煞西	沖虎18歲煞南	沖兔17歲煞東	沖龍16歲煞北

16	15	14	13	12	11
六期星	五期星	四期星	三期星	二期星	一期星
東嶽大帝聖誕	天德 刀砧日	月德 鬼谷先施千秋 刀砧日			天上聖母聖誕
廿八	廿七	廿六	廿五	廿四	廿三
壬辰	辛卯	庚寅	己丑	戊子	丁亥
水	木	木	火	火	土
閉	開	收	成	危	破
★	宜	宜	宜	宜	★
諸事不宜	**宜** 祭祀、祈福、出行、納采、問名、嫁娶、移徙、解除、修造動土、豎柱上樑、開市、立券、交易、納財	**宜** 出行、納采、問名、嫁娶、移徙、解除、豎柱上樑、立券、交易、納財、安葬、啟攢 **忌** 祭祀、修造動土、破土	**宜** 祭祀、祈福、出行、納采、問名、解除、修造動土、豎柱上樑、開市、立券、交易、納財 **忌** 嫁娶、移徙	**宜** 祭祀、入宅 **忌** 祈福、出行、納采、問名、嫁娶、移徙、安床、解除、修造動土、豎柱上樑、開市、立券、交易、納財、	**忌** 祈福、出行、納采、問名、嫁娶、移徙、安床、修造動土、豎柱上樑、開市、立券、交易、納財、破土、安葬、啟攢
倉庫栖外正北	廚灶門外正北	碓磨爐外正北	占門廁外正北	房床碓外正北	倉庫床外西北
沖狗10歲煞南	沖雞11歲煞西	沖猴12歲煞北	沖羊13歲煞東	沖馬14歲煞南	沖蛇15歲煞西

日期	17	18	19	20	21
星期	星期日	星期一	星期二	星期三	星期四
節日		天赦日	月德合	天德合	文殊菩薩聖誕
農曆	廿九	四月初一	初二	初三	初四
干支	癸巳	甲午	乙未	丙申	丁酉
五行	水	金	金	火	火
建除	建	除	滿	平	定
	★	宜	宜	宜	宜
宜忌	**日逢受死日，不宜諸吉事**	**宜** 祭祀、祈福、出行、納采、問名、嫁娶、移徙、解除、修造動土、豎柱上樑、破土、安葬、入宅	**宜** 祭祀 **忌** 出行、納采、問名、嫁娶、移徙	**宜** 祭祀、出行、納采、問名、嫁娶、移徙、修造動土、豎柱上樑、開市、立券、交易、納財	**宜** 出行、納采、問名、嫁娶、移徙、修造動土、豎柱上樑、開市、立券、交易、納財、破土、安葬、入宅 **忌** 解除
胎神	占房床房內北	占門碓房內北	碓磨廁房內北	廚灶爐房內北	倉庫門房內北
沖煞	沖豬9歲煞東	沖鼠8歲煞北	沖牛7歲煞西	沖虎6歲煞南	沖兔5歲煞東

小滿

申時 16點45分

斗指甲為小滿，萬物長於此少得盈滿，麥至此方，小滿而未全熟，故名。

節氣諺語：小滿櫃，芒種穗。

水稻在小滿前後開始含苞，到芒種左右會吐穗開花。

22	23	24	25	26
五期星	六期星	日期星	一期星	二期星
		月德	天德 佛誕日	刀砧日 勿探病
初五	初六	初七	初八	初九
戊戌	己亥	庚子	辛丑	壬寅
木	木	土	土	金
執	破	危	成	收
宜	宜	宜	宜	★
宜 祭祀、祈福、納采、問名、嫁娶、移徙、解除、修造動土、豎柱上樑、入宅 **忌** 出行、開市、立券、交易、納財	**宜** 祭祀、解除 **忌** 祈福、出行、納采、問名、嫁娶、移徙、安床、修造動土、豎柱上樑、開市、立券、交易、納財、破土、安葬、啟攢	**宜** 祭祀、祈福、出行、納采、問名、嫁娶、移徙、安床、解除、修造動土、豎柱上樑、破土、安葬、啟攢、入宅	**宜** 祭祀、祈福、出行、納采、問名、嫁娶、解除、修造動土、豎柱上樑、開市、立券、交易、納財、安葬 **忌** 移徙	**忌** 祭祀、祈福、出行、納采、問名、嫁娶、移徙、安床、解除、修造動土、豎柱上樑、開市、立券、交易、納財、破土、安葬、啟攢
房床栖房內南	占門床房內南	占碓磨房內南	廚灶廁房內南	倉庫爐房內南
沖龍4歲煞北	沖蛇3歲煞西	沖馬2歲煞南	沖羊1歲煞東	沖猴60歲煞北

日期	星期	紀念日	農曆	干支	五行	建除	宜/★	宜忌	胎神	沖煞
27	星期三	刀砧日	初十	癸卯	金	開	宜	宜 祭祀	房床門房內南	沖雞59歲煞西
28	星期四		十一	甲辰	火	閉	★	諸事不宜	門雞栖房內東	沖狗58歲煞南
29	星期五	月德合	十二	乙巳	火	建	★	日逢受死日，不宜諸吉事	碓磨床房內東	沖豬57歲煞東
30	星期六	天德合	十三	丙午	水	除	宜	宜 祭祀 忌 祈福、出行、納采、問名、嫁娶、移徙、安床、解除、修造動土、豎柱上樑、開市、立券、交易、納財、破土、安葬、啟攢	廚灶碓房內東	沖鼠56歲煞北
31	星期日	呂純陽祖師聖誕	十四	丁未	水	滿	宜	宜 祭祀 忌 祈福、出行、納采、問名、嫁娶、移徙、安床、解除、剃頭、修造動土、豎柱上樑、開市、立券、交易、納財、破土、安葬、啟攢	倉庫廁房內東	沖牛55歲煞西

二〇一五年 國曆六月大	1	2	3	4	5
	星期一	星期二	星期三	星期四	星期五
			月德	天德	
農曆四月 梅月 煞東方	十五	十六	十七	十八	十九
	戊申	己酉	庚戌	辛亥	壬子
	土	土	金	金	木
	平	定	執	破	危
	宜	宜	宜	宜	★
端陽有雨是豐年，芒種聞雷美亦然 夏至風從西北起，瓜蔬園內受熬煎	**宜** 祭祀 **忌** 祈福、安床	**宜** 祭祀、祈福、出行、納采、問名、嫁娶、移徙、豎柱上樑、開市、立券、交易、納財、安葬、入宅 **忌** 解除、修造動土、破土	**宜** 祭祀、祈福、納采、問名、嫁娶、移徙、解除、修造動土、豎柱上樑、安葬 **忌** 出行	**宜** 祭祀、解除 **忌** 祈福、出行、納采、問名、嫁娶、移徙、安床、解除、修造動土、豎柱上樑、開市、立券、交易、納財、破土、安葬、啟攢	**忌** 祈福、出行、納采、問名、嫁娶、移徙、安床、解除、修造動土、豎柱上樑、開市、立券、交易、納財、破土、安葬、啟攢
每日胎神占方	房床爐房內東	占大門外東北	碓磨栖外東北	廚灶床外東北	倉庫碓外東北
每日沖煞年齡	沖虎54歲煞南	沖兔53歲煞東	沖龍52歲煞北	沖蛇51歲煞西	沖馬50歲煞南

6	芒種	7	8	9
星期六		星期日	星期一	星期二
		李托塔天王聖誕 刀砧日 勿探病	刀砧日 勿探病	月德
二十	辰時 7點58分	廿一	廿二	廿三
癸丑		甲寅	乙卯	丙辰
木		水	水	土
危成		成	收	開
宜		宜	宜	宜
宜 祭祀 **忌** 祈福、出行、納采、問名、嫁娶、移徙、安床、解除、修造動土、豎柱上樑、開市、立券、交易、納財、破土、安葬、啟攢	**斗指巳為芒種，此時可有種芒之穀，過此即失效，故名芒種。** **節氣諺語：芒種蝶仔討無食。** 指芒種前後，百花花期已過，蝴蝶無花粉可採。	**宜** 出行、修造動土、豎柱上樑、開市、立券、交易、納財、破土、安葬、啟攢 **忌** 祭祀、納采、問名、嫁娶、移徙	**宜** 祭祀 **忌** 祈福、出行、納采、問名、嫁娶、移徙、安床、解除、修造動土、豎柱上樑、開市、立券、交易、納財、破土、安葬、啟攢	**宜** 祭祀、祈福、出行、納采、問名、嫁娶、移徙、解除、修造動土、豎柱上樑、開市、納財、入宅
房床廁外東北		占門爐外東北	碓磨門外正東	廚灶棲外正東
沖羊49歲煞東		沖猴48歲煞北	沖雞47歲煞西	沖狗46歲煞南

10	11	12	13	14	15	16
星期三	星期四	星期五	星期六	星期日	星期一	星期二
		神農大帝聖誕	范五王爺千秋	月德合		
廿四	廿五	廿六	廿七	廿八	廿九	五月初一
丁巳	戊午	己未	庚申	辛酉	壬戌	癸亥
土	火	火	木	木	水	水
閉	建	除	滿	平	定	執
★	★	宜	宜	宜	宜	宜
忌 祈福、出行、納采、問名、嫁娶、移徙、安床、解除、修造動土、豎柱上樑、開市、破土、安葬、啟攢	**諸事不宜**	**宜** 祭祀、祈福、出行、移徙、解除、修造動土、豎柱上樑、立券、交易、納財、安葬、入宅 **忌** 納采、問名、嫁娶	**宜** 祭祀、祈福、出行、移徙、解除、開市、納財、破土、安葬、入宅 **忌** 納采、問名、嫁娶、安床、立券、交易	**宜** 祭祀 **忌** 出行	**宜** 祭祀、祈福、納采、問名、嫁娶、豎柱上樑、立券、交易、納財、入宅 **忌** 解除、修造動土、破土	**宜** 祭祀 **忌** 祈福、出行、納采、問名、嫁娶、移徙、安床、解除、修造動土、豎柱上樑、開市、立券、交易、納財、破土、安葬、啟攢
倉庫床外正東	房床碓外正東	占門廁外正東	碓磨爐外東南	廚灶門外東南	倉庫栖外東南	占房床外東南
沖豬45歲煞東	沖鼠44歲煞北	沖牛43歲煞西	沖虎42歲煞南	沖兔41歲煞東	沖龍40歲煞北	沖蛇39歲煞西

乙未年每日宜忌

21	20	19	18	17
星期日	星期六	星期五	星期四	星期三
清水祖師成道日	端午節刀砧日	月德刀砧日		
初六	初五	初四	初三	初二
戊辰	丁卯	丙寅	乙丑	甲子
木	火	火	金	金
開	收	成	危	破
宜	宜	宜	宜	★
宜 祭祀、祈福、出行、納采、問名、移徙、解除、修造動土、豎柱上樑、入宅 **忌** 開市、立券、交易、納財	**宜** 祭祀 **忌** 祈福、出行、納采、問名、嫁娶、移徙、安床、解除、修造動土、豎柱上樑、開市、立券、交易、納財、破土、安葬、啟攢	**宜** 出行、納采、問名、嫁娶、解除、修造動土、豎柱上樑、開市、立券、交易、納財、破土、安葬、啟攢 **忌** 祭祀、移徙	**宜** 祭祀 **忌** 祈福、出行、納采、問名、嫁娶、移徙、安床、解除、修造動土、豎柱上樑、開市、立券、交易、納財、破土、安葬、啟攢	**日逢受死日，不宜諸吉事**
房床栖外正南	倉庫門外正南	廚灶爐外正南	碓磨廁外東南	占門碓外東南
沖狗34歲煞南	沖雞35歲煞西	沖猴36歲煞北	沖羊37歲煞東	沖馬38歲煞南

25	24	23	夏至	22
四期星	三期星	二期星		一期星
		勿探病		巧聖先師聖誕
初十	初九	初八	子時 00點38分	初七
壬申	辛未	庚午		己巳
金	土	土		木
滿	除	建		閉
宜	宜	★		宜
宜 祭祀、祈福、出行、移徙、解除、開市、納財、破土、安葬、入宅 **忌** 納采、問名、安床、立券、交易	**宜** 祭祀、祈福、出行、納采、問名、嫁娶、移徙、解除、修造動土、豎柱上樑、立券、交易、納財、安葬、入宅	**諸事不宜**	**斗指乙為夏至，萬物於此皆長大而極至，時夏將至，故名。** **節氣諺語：夏至，風颱就出世。** 指夏至後，台灣就開始進入颱風季節。	**宜** 祭祀、納財 **忌** 祈福、出行、納采、問名、嫁娶、移徙、安床、解除、修造動土、豎柱上樑、開市、破土、安葬、啟攢
倉庫爐外西南	廚灶廁外西南	占碓磨外正南		占門床外正南
沖虎30歲煞南	沖牛31歲煞西	沖鼠32歲煞北		沖豬33歲煞東

乙未年每日宜忌

30	29	28	27	26
二期星	一期星	日期星	六期星	五期星
	月德	霞海城隍爺千秋		天下都城隍千秋
十五	十四	十三	十二	十一
丁丑	丙子	乙亥	甲戌	癸酉
水	水	火	火	金
危	破	執	定	平
宜	★	宜	宜	★
宜 祭祀 **忌** 祈福、出行、納采、問名、嫁娶、移徙、安床、解除、修造動土、豎柱上樑、開市、立券、交易、納財、破土、安葬、啟攢	**日逢受死日，不宜諸吉事**	**宜** 祭祀、入宅 **忌** 祈福、出行、納采、問名、嫁娶、移徙、安床、解除、修造動土、豎柱上樑、開市、立券、交易、納財、破土、安葬、啟攢	**宜** 祭祀、祈福、納采、問名、嫁娶、修造動土、豎柱上樑、立券、交易、納財、入宅 **忌** 解除	**忌** 祈福、出行、納采、問名、嫁娶、移徙、安床、解除、修造動土、豎柱上樑、開市、立券、交易、納財、破土、安葬、啟攢
倉庫廁外正西	廚灶碓外西南	碓磨床外西南	門碓栖外西南	房床門外西南
沖羊25歲煞東	沖馬26歲煞南	沖蛇27歲煞西	沖龍28歲煞北	沖兔29歲煞東

二〇一五年國曆七月大	1	2	3	4	5	6
	星期三	星期四	星期五	星期六	星期日	星期一
	刀砧日	蕭府王爺千秋 刀砧日 勿探病	張天師聖誕	月德合		
農曆五月　蒲月　煞北方	十六	十七	十八	十九	二十	廿一
	戊寅	己卯	庚辰	辛巳	壬午	癸未
	土	土	金	金	木	木
	成	收	開	閉	建	除
	宜	宜	宜	宜	★	宜
小暑之中逢酷熱，五穀田中多不結 大暑若不見災厄，定主三冬多雨雪	**宜** 出行、納采、問名、嫁娶、解除、修造動土、豎柱上樑、開市、立券、交易、納財 **忌** 祭祀、移徙	**宜** 祭祀 **忌** 祈福、出行、納采、問名、嫁娶、移徙、安床、解除、修造動土、豎柱上樑、開市、立券、交易、納財、破土、安葬、啟攢	**宜** 祭祀、祈福、出行、納采、問名、移徙、解除、修造動土、豎柱上樑、入宅 **忌** 開市、立券、交易、納財	**宜** 祭祀 **忌** 祈福、出行、解除	**諸事不宜**	**宜** 出行、嫁娶、解除、立券、交易、納財、安葬、入宅
每日胎神占方	房床爐外正西	占大門外正西	碓磨栖外正西	廚灶床外正西	倉庫碓外西北	房床廁外西北
每日沖煞年齡	沖猴24歲煞北	沖雞23歲煞西	沖狗22歲煞南	沖豬21歲煞東	沖鼠20歲煞北	沖牛19歲煞西

7	小暑	8	9	10
星期二		星期三	星期四	星期五
天德 月德				
廿二	酉時 18點12分	廿三	廿四	廿五
甲申		乙酉	丙戌	丁亥
水		水	土	土
除滿		滿	平	定
宜		宜	★	宜
宜 祭祀、祈福、納采、問名、嫁娶、移徙、解除、修造動土、豎柱上樑、破土、安葬、入宅 **忌** 出行、安床	**斗指辛為小暑，斯時天氣已熱，尚未達於極點，故名小暑。** **節氣諺語：小暑過，一日熱三分。** 指小暑過後，天氣會一天比一天熱。	**宜** 祭祀 **忌** 祈福、出行、納采、問名、嫁娶、移徙、安床、解除、修造動土、豎柱上樑、開市、立券、交易、納財、破土、安葬、啟攢	**諸事不宜**	**宜** 修造動土、豎柱上樑、入宅 **忌** 納采、問名、嫁娶、解除、開市、立券、交易、納財、破土、安葬、啟攢
占門爐外西北		碓磨門外西北	廚灶棲外西北	倉庫床外西北
沖虎18歲煞南		沖兔17歲煞東	沖龍16歲煞北	沖蛇15歲煞西

11	12	13	14	15
星期六	星期日	星期一	星期二	星期三
	天德合 月德合	刀砧日	刀砧日	
廿六	廿七	廿八	廿九	三十
戊子	己丑	庚寅	辛卯	壬辰
火	火	木	木	水
執	破	危	成	收
宜	宜	宜	宜	宜
宜 祭祀 **忌** 祈福、出行、納采、問名、嫁娶、移徙、安床、解除、修造動土、豎柱上樑、開市、立券、交易、納財、破土、安葬、啟攢	**宜** 祭祀 **忌** 祈福、出行、納采、問名、嫁娶、移徙、安床、解除、修造動土、豎柱上樑、開市、立券、交易、納財、破土、安葬、啟攢	**宜** 安床、開市、立券、交易、納財、破土、安葬、啟攢 **忌** 祭祀、祈福	**宜** 祭祀、祈福、出行、納采、問名、嫁娶、移徙、解除、修造動土、豎柱上樑、開市、立券、交易、納財、破土、啟攢、入宅	**宜** 祭祀 **忌** 祈福、出行、納采、問名、嫁娶、移徙、安床、解除、修造動土、豎柱上樑、開市、立券、交易、安葬、啟攢
房床碓外正北	占門廁外正北	碓磨爐外正北	廚灶門外正北	倉庫栖外正北
沖馬14歲煞南	沖羊13歲煞東	沖猴12歲煞北	沖雞11歲煞西	沖狗10歲煞南

乙未年每日宜忌

20	19	18	17	16
一期星	日期星	六期星	五期星	四期星
		韋陀尊者 佛辰	天德 月德 天赦日	
初五	初四	初三	初二	六月 初一
丁酉	丙申	乙未	甲午	癸巳
火	火	金	金	水
滿	除	建	閉	開
宜	宜	宜	宜	宜
宜 祭祀 **忌** 祈福、出行、納采、問名、嫁娶、移徙、安床、解除、修造動土、豎柱上樑、開市、立券、交易、納財、破土、安葬、啟攢	**宜** 祭祀、入宅 **忌** 出行、納采、問名、嫁娶、移徙、安床、修造動土、豎柱上樑、開市、立券、交易、納財	**宜** 祭祀、出行、嫁娶 **忌** 祈福、納采、問名、解除、修造動土、豎柱上樑、破土、安葬、啟攢	**宜** 祭祀	**宜** 祭祀 **忌** 祈福、出行、納采、問名、嫁娶、移徙、安床、解除、修造動土、豎柱上樑、開市、立券、交易、納財、破土、安葬、啟攢
倉庫 門房 內北	廚灶 爐房 內北	碓磨 廁房 內北	占門 碓房 內北	占房 床房 內北
沖兔 5歲 煞東	沖虎 6歲 煞南	沖牛 7歲 煞西	沖鼠 8歲 煞北	沖豬 9歲 煞東

21	22	23	大暑	24	25
二期星	三期星	四期星		五期星	六期星
	天德合 月德合				刀砧日 勿探病
初六	初七	初八	午時 11點30分	初九	初十
戊戌	己亥	庚子		辛丑	壬寅
木	木	土		土	金
平	定	執		破	危
★	宜	★		★	宜
諸事不宜	**宜** 祭祀、祈福、出行、納采、問名、移徙、解除、修造動土、豎柱上樑、開市、立券、交易、納財 **忌** 嫁娶	**忌** 祈福、出行、納采、問名、嫁娶、移徙、安床、解除、修造動土、豎柱上樑、開市、立券、交易、納財、破土、安葬、啟攢	**斗指丙為大暑，斯時天氣甚熱於小暑，故名大暑。** **節氣諺語：大暑熱不透，大水風颱到。** 大暑這天如果天氣不熱，表氣候不順，容易有水災、颱風等災害。	**諸事不宜**	**宜** 安床、開市、立券、交易、納財、破土、啟攢、入宅 **忌** 祭祀、祈福、解除
房床栖房內南	占門床房內南	占碓磨房內南		廚灶廁房內南	倉庫爐房內南
沖龍4歲煞北	沖蛇3歲煞西	沖馬2歲煞南		沖羊1歲煞東	沖猴60歲煞北

乙未年每日宜忌

31	30	29	28	27	26
五期星	四期星	三期星	二期星	一期星	日期星
先天王靈官聖誕				天德 月德	田都元帥千秋 刀砧日
十六	十五	十四	十三	十二	十一
戊申	丁未	丙午	乙巳	甲辰	癸卯
土	水	水	火	火	金
除	建	閉	開	收	成
宜	宜	★	宜	宜	宜
宜 祭祀 **忌** 出行、納采、問名、安床、立券、交易、納財、破土、安葬、啟攢	**宜** 祭祀、出行 **忌** 祈福、納采、問名、嫁娶、解除、修造動土、豎柱上樑、破土、安葬、啟攢	**日逢受死日，不宜諸吉事**	**宜** 祭祀 **忌** 祈福、出行、納采、問名、嫁娶、移徙、安床、解除、修造動土、豎柱上樑、開市、立券、交易、納財、破土、安葬、啟攢	**宜** 祭祀、祈福、出行、納采、問名、嫁娶、移徙、解除、修造動土、豎柱上樑、納財、安葬、入宅	**宜** 出行、納采、問名、嫁娶、移徙、修造動土、豎柱上樑、開市、立券、交易、納財、破土、安葬、啟攢、入宅
房床爐房內東	倉庫廁房內東	廚灶碓房內東	碓磨床房內東	門雞棲房內東	房床門房內南
沖虎54歲煞南	沖牛55歲煞西	沖鼠56歲煞北	沖豬57歲煞東	沖狗58歲煞南	沖雞59歲煞西

二〇一五年 國曆八月大	1	2	3	4	5	6
	星期六	星期日	星期一	星期二	星期三	星期四
	天德合 月德合		觀音菩薩成道日			天德 月德 刀砧日 勿探病
農曆六月 荔月 煞西方	十七	十八	十九	二十	廿一	廿二
	己酉	庚戌	辛亥	壬子	癸丑	甲寅
	土	金	金	木	木	水
	滿	平	定	執	破	危
	宜	★	宜	★	★	宜
立秋無雨是堪憂，萬物從來只半收 處暑若逢天下雨，縱然結實也難留	**宜** 祭祀、祈福、出行、納采、問名、嫁娶、移徙、解除、修造動土、豎柱上樑、開市、立券、交易、納財	**諸事不宜**	**宜** 祭祀、祈福、出行、納采、問名、移徙、修造動土、豎柱上樑、立券、交易、納財、入宅 **忌** 嫁娶、解除、破土、安葬、啟攢	**忌** 祈福、出行、納采、問名、嫁娶、移徙、安床、解除、修造動土、豎柱上樑、開市、立券、交易、納財、破土、安葬、啟攢	**諸事不宜**	**宜** 出行、移徙、安床、修造動土、豎柱上樑、開市、立券、交易、納財、破土、安葬、啟攢、入宅 **忌** 祭祀、祈福、納采、問名、嫁娶、解除
每日胎神占方	占大門外東北	碓磨棲外東北	廚灶床外東北	倉庫碓外東北	房床廁外東北	占門爐外東北
每日沖煞年齡	沖兔53歲煞東	沖龍52歲煞北	沖蛇51歲煞西	沖馬50歲煞南	沖羊49歲煞東	沖猴48歲煞北

7	8	立秋	9	10
星期五	星期六		星期日	星期一
刀砧日 勿探病	關聖帝君聖誕		月德合 刀砧日	天德合 刀砧日
廿三	廿四	寅時 4點01分	廿五	廿六
乙卯	丙辰		丁巳	戊午
水	土		土	火
成	成收		收	開
宜	宜		宜	宜
宜 出行、納采、問名、嫁娶、移徙、修造動土、豎柱上樑、開市、立券、交易、納財、破土、啟攢、入宅	**宜** 祭祀、入宅 **忌** 祈福、出行、納采、問名、嫁娶、移徙、安床、解除、修造動土、豎柱上樑、開市、立券、交易、納財、破土、安葬、啟攢	**斗指西南維為立秋，陰意出地始殺萬物，按秋訓禾，穀熟。** **節氣諺語：六月秋，快溜溜，七月秋，秋後油。** 指如果立秋在農曆六月，漁業作業期會提早結束，如果落在七月，表示天氣穩定，漁業會較晚結束。	**宜** 祭祀、祈福、納采、問名、嫁娶、移徙、解除、開市、立券、交易、納財 **忌** 出行、修造動土、破土	**宜** 祭祀、祈福、出行、納采、問名、嫁娶、移徙、解除、修造動土、豎柱上樑、開市
碓磨門外正東	廚灶棲外正東		倉庫床外正東	房床碓外正東
沖雞47歲煞西	沖狗46歲煞南		沖豬45歲煞東	沖鼠44歲煞北

16	15	14	13	12	11
星期日	星期六	星期五	星期四	星期三	星期二
	天德	月德			
初三	初二	七月初一	廿九	廿八	廿七
甲子	癸亥	壬戌	辛酉	庚申	己未
金	水	水	木	木	火
定	平	滿	除	建	閉
宜	宜	宜	宜	宜	★
宜 祭祀、祈福、出行、納采、問名、嫁娶、移徙、修造動土、豎柱上樑、開市、立券、交易、納財、入宅 **忌** 解除	**宜** 祭祀 **忌** 祈福、嫁娶、解除	**宜** 出行、納采、問名、嫁娶、移徙、解除、修造動土、豎柱上樑、開市、立券、交易、納財、安葬、入宅 **忌** 祭祀	**宜** 解除、破土、安葬 **忌** 出行、納采、問名、嫁娶、移徙、立券、交易	**宜** 出行、納財 **忌** 祈福、納采、問名、嫁娶、安床、解除、修造動土、豎柱上樑、立券、交易、破土、安葬、啟攢	**諸事不宜**
占門碓外東南	占房床外東南	倉庫栖外東南	廚灶門外東南	碓磨爐外東南	占門廁外正東
沖馬38歲煞南	沖蛇39歲煞西	沖龍40歲煞北	沖兔41歲煞東	沖虎42歲煞南	沖牛43歲煞西

乙未年每日宜忌

22	21	20	19	18	17
六期星	**五期星**	**四期星**	**三期星**	**二期星**	**一期星**
刀砧日 勿探病	刀砧日	天德合 七星娘娘千秋			
初九	**初八**	**初七**	**初六**	**初五**	**初四**
庚午	己巳	戊辰	丁卯	丙寅	乙丑
土	木	木	火	火	金
開	收	成	危	破	執
宜	**宜**	**宜**	**宜**	★	★
宜 祭祀 **忌** 納采、問名、嫁娶、破土、安葬、啟攢	**宜** 祭祀、祈福、納采、問名、嫁娶、移徙、修造動土、豎柱上樑、開市、立券、交易、納財 **忌** 出行	**宜** 祭祀、祈福、解除、修造動土、豎柱上樑、開市、立券、交易、納財、安葬、入宅 **忌** 出行、納采、問名、嫁娶、移徙	**宜** 祭祀、祈福、出行、納采、問名、嫁娶、移徙、安床、解除、豎柱上樑、立券、交易、安葬、啟攢、入宅 **忌** 修造動土、破土	**諸事不宜**	**日逢受死日，不宜諸吉事**
占碓磨外正南	占門床外正南	房床栖外正南	倉庫門外正南	廚灶爐外正南	碓磨廁外東南
沖鼠32歲煞北	沖豬33歲煞東	沖狗34歲煞南	沖雞35歲煞西	沖猴36歲煞北	沖羊37歲煞東

23	處暑	24	25	26
日期星		一期星	二期星	三期星
		月德	天德	大勢至菩薩聖誕
初十	酉時 18點37分	十一	十二	十三
辛未		壬申	癸酉	甲戌
土		金	金	火
閉		建	除	滿
★		宜	宜	★
諸事不宜	**斗指戊為處暑，暑將退，伏而潛處，故名。** **節氣諺語：處暑，會曝死老鼠。** 指雖然已經進入秋天，但此時天氣還是會酷熱，所謂的秋老虎。	**宜** 祭祀、祈福、出行、納采、問名、嫁娶、移徙、解除、豎柱上樑、納財、安葬、入宅 **忌** 安床、修造動土、破土	**宜** 祭祀、祈福、納采、問名、解除、修造動土、豎柱上樑、納財、破土、安葬 **忌** 出行、嫁娶、移徙	**忌** 祭祀、納采、問名、嫁娶、開市、立券、交易、納財
廚灶廁外西南		倉庫爐外西南	房床門外西南	門碓栖外西南
沖牛31歲煞西		沖虎30歲煞南	沖兔29歲煞東	沖龍28歲煞北

乙未年每日宜忌

31	30	29	28	27
一期星	日期星	六期星	五期星	四期星
瑤池金母聖誕 勿探病		月德合	中元節 中原地官聖誕	
十八	十七	十六	十五	十四
己卯	戊寅	丁丑	丙子	乙亥
土	土	水	水	火
危	破	執	定	平
宜	★	★	宜	宜
宜 祭祀、入宅 **忌** 祈福、出行、納采、問名、嫁娶、移徙、安床、解除、修造動土、豎柱上樑、開市、立券、交易、納財、破土	**忌** 祭祀、祈福、出行、納采、問名、嫁娶、移徙、安床、解除、修造動土、豎柱上樑、開市、立券、交易、納財、破土、安葬、啟攢	**日逢受死日，不宜諸吉事**	**宜** 祭祀、祈福、出行、納采、問名、嫁娶、移徙、修造動土、豎柱上樑、開市、立券、交易、納財、破土、啟攢、入宅 **忌** 解除	**宜** 祭祀 **忌** 祈福、出行、納采、問名、嫁娶、移徙、安床、解除、修造動土、豎柱上樑、開市、立券、交易、納財、破土、安葬、啟攢
占大門外正西	房床爐外正西	倉庫廁外正西	廚灶碓外西南	碓磨床外西南
沖雞23歲煞西	沖猴24歲煞北	沖羊25歲煞東	沖馬26歲煞南	沖蛇27歲煞西

二〇一五年 國曆九月大	1	2	3	4	5	6
	星期二	星期三	星期四	星期五	星期六	星期日
	值星太歲星君千秋	刀砧日	月德刀砧日	天德	諸葛武侯千秋	延平郡王千秋
農曆七月 瓜月 煞南方	十九	二十	廿一	廿二	廿三	廿四
	庚辰	辛巳	壬午	癸未	甲申	乙酉
	金	金	木	木	水	水
	成	收	開	閉	建	除
	★	宜	宜	宜	宜	宜
秋分天氣白雲多，處處歡歌好晚禾 只怕此時雷電閃，冬來米價到如何	諸事不宜	宜 嫁娶、開市、立券、交易、納財 忌 出行	宜 祭祀、祈福、出行、納采、問名、嫁娶、移徙、解除、修造動土、豎柱上樑、開市、納財	宜 祭祀 忌 祈福、出行、納采、問名、嫁娶、移徙、安床、解除、修造動土、豎柱上樑、開市、立券、交易、納財、破土、安葬、啟攢	宜 出行、嫁娶、納財 忌 祈福、納采、問名、安床、解除、修造動土、豎柱上樑、立券、交易、破土、安葬、啟攢	宜 解除、破土、安葬 忌 出行、納采、問名、嫁娶、移徙、立券、交易
每日胎神占方	碓磨栖外正西	廚灶床外正西	倉庫碓外西北	房床廁外西北	占門爐外西北	碓磨門外西北
每日沖煞年齡	沖狗22歲煞南	沖豬21歲煞東	沖鼠20歲煞北	沖牛19歲煞西	沖虎18歲煞南	沖兔17歲煞東

7	8	白露	9	10
一期星	二期星		三期星	四期星
廿五	廿六	辰時 07點00分	廿七	廿八
丙戌	丁亥		戊子	己丑
土	土		火	火
滿	滿平		平	定
★	宜		宜	宜
忌 祭祀、納采、問名、嫁娶、開市、立券、交易、納財	**宜** 祭祀、祈福、出行、移徙、開市、立券、交易、納財 **忌** 納采、問名、嫁娶、破土、安葬、啟攢	**斗指癸為白露，陰氣漸重，露凝而白，故名白露。** **節氣諺語：白露水，卡毒鬼。** 白露雨水性毒，一方面也指天氣變冷，露水冷冽，不利作物生長。	**宜** 祭祀 **忌** 祈福、出行、納采、問名、嫁娶、移徙、安床、解除、修造動土、豎柱上樑、開市、立券、交易、納財、破土、安葬、啟攢	**宜** 納采、問名、嫁娶、修造動土、豎柱上樑、立券、交易、納財、入宅 **忌** 解除
廚灶棲外西北	倉庫床外西北		房床碓外正北	占門廁外正北
沖龍16歲煞北	沖蛇15歲煞西		沖馬14歲煞南	沖羊13歲煞東

16	15	14	13	12	11
三期星	二期星	一期星	日期星	六期星	五期星
月德合	北斗星君聖誕 刀砧日	刀砧日		地藏王菩薩聖誕	月德
初四	初三	初二	八月初一	三十	廿九
乙未	甲午	癸巳	壬辰	辛卯	庚寅
金	金	水	水	木	木
開	收	成	危	破	執
★	宜	宜	宜	★	★
日逢受死日，不宜諸吉事	**宜** 祭祀 **忌** 祈福、出行、納采、問名、嫁娶、移徙、安床、解除、修造動土、豎柱上樑、開市、立券、交易、納財、破土、安葬、啟攢	**宜** 祭祀、祈福、納采、問名、嫁娶、移徙、解除、修造動土、豎柱上樑、開市、立券、交易、納財、入宅 **忌** 出行、破土、安葬、啟攢	**宜** 祭祀、入宅	**諸事不宜**	**忌** 祭祀、移徙、開市、立券、交易、納財
碓磨廁內北	占門碓房內北	占房床房內北	倉庫栖外正北	廚灶門外正北	碓磨爐外正北
沖牛7歲煞西	沖鼠8歲煞北	沖豬9歲煞東	沖狗10歲煞南	沖雞11歲煞西	沖猴12歲煞北

乙未年每日宜忌

21	20	19	18	17
星期一	星期日	星期六	星期五	星期四
月德				雷聲普化天尊聖誕
初九	初八	初七	初六	初五
庚子	己亥	戊戌	丁酉	丙申
土	木	木	火	火
平	滿	除	建	閉
宜	宜	宜	宜	宜
宜 祭祀 **忌** 出行、納采、問名、嫁娶、移徙、安葬	**宜** 祭祀、祈福、出行、移徙、沐浴、開市、立券、交易、納財 **忌** 納采、問名、嫁娶、破土、安葬、啟攢	**宜** 祭祀、出行、解除 **忌** 祈福、納采、問名、嫁娶、開市、立券、交易、納財、破土、安葬、啟攢	**宜** 祭祀 **忌** 祈福、出行、納采、問名、嫁娶、移徙、安床、解除、修造動土、豎柱上樑、開市、立券、交易、納財、破土、安葬、啟攢	**宜** 祭祀、納財、安葬 **忌** 祈福、出行、納采、問名、嫁娶、移徙、安床、解除、修造動土、豎柱上樑、開市、立券、交易、破土
占碓磨房內南	占門床房內南	房床栖房內南	倉庫門房內北	廚灶爐房內北
沖馬2歲煞南	沖蛇3歲煞西	沖龍4歲煞北	沖兔5歲煞東	沖虎6歲煞南

22	23	秋分	24	25
二期星	三期星		四期星	五期星
	勿探病			
初十	十一	申時 16點21分	十二	十三
丑辛	寅壬		卯癸	辰甲
土	金		金	火
定	執		破	危
宜	★		★	★
宜 納財 **忌** 出行、納采、問名、嫁娶、移徙、安床、解除、修造動土、豎柱上樑、開市、立券、交易、破土、安葬、啟攢	**忌** 祭祀、祈福、出行、納采、問名、嫁娶、移徙、安床、解除、修造動土、豎柱上樑、開市、立券、交易、納財、破土、安葬、啟攢	**斗指己為秋分，南北兩半球晝夜均分，又適當秋之半，故名。** **節氣諺語：月半看田頭。** 指這時期稻作生長的好壞已可以看見。	**諸事不宜**	**忌** 祈福、出行、解除、修造動土、豎柱上樑
廚灶廁房內南	倉庫爐房內南		房床門房內南	門雞栖房內東
沖羊1歲煞東	沖猴60歲煞北		沖雞59歲煞西	沖狗58歲煞南

乙未年每日宜忌

30	29	28	27	26
三期星	二期星	一期星	日期星	六期星
九天玄女 千秋	天赦日		中秋節 臨水夫人 千秋 刀砧日	月德合 刀砧日
十八	十七	十六	十五	十四
己酉	戊申	丁未	丙午	乙巳
土	土	水	水	火
建	閉	開	收	成
★	宜	★	宜	宜
諸事不宜	**宜** 祭祀、立券、交易、納財、安葬、入宅 **忌** 祈福、安床	**日逢受死日，不宜諸吉事**	**宜** 祭祀 **忌** 祈福、出行、納采、問名、嫁娶、移徙、安床、解除、修造動土、豎柱上樑、開市、立券、交易、納財、破土、安葬、啟攢	**宜** 祭祀、祈福、納采、問名、嫁娶、移徙、解除、修造動土、豎柱上樑、開市、立券、交易、納財、入宅 **忌** 出行
占大門外東北	房床爐房內東	倉庫廁房內東	廚灶碓房內東	碓磨床房內東
沖兔53歲煞東	沖虎54歲煞南	沖牛55歲煞西	沖鼠56歲煞北	沖豬57歲煞東

二〇一五年 國曆十月大	1	2	3	4	5
	星期四	星期五	星期六	星期日	星期一
	月德			廣澤尊王聖誕	勿探病
農曆八月 桂月 煞東方	十九	二十	廿一	廿二	廿三
	庚戌	辛亥	壬子	癸丑	甲寅
	金	金	木	木	水
	除	滿	平	定	執
	宜	宜	宜	宜	★
寒露飛霜侵損民，重陽無雨一冬晴；霜降火色人多病，更遇雷聲菜價增	**宜** 祭祀、祈福、出行、納采、問名、嫁娶、移徙、解除、修造動土、豎柱上樑、納財、安葬、入宅	**宜** 祭祀、祈福、出行、移徙 **忌** 納采、問名、嫁娶、開市、立券、交易、納財、破土、安葬、啟攢	**宜** 祭祀 **忌** 祈福、出行、納采、問名、嫁娶、移徙、安床、解除、修造動土、豎柱上樑、開市、立券、交易、納財、破土、安葬、啟攢	**宜** 祭祀、祈福、出行、移徙、修造動土、豎柱上樑、立券、交易、納財、入宅 **忌** 納采、問名、嫁娶、解除	**忌** 祭祀、祈福、出行、納采、問名、嫁娶、移徙、安床、解除、修造動土、豎柱上樑、開市、立券、交易、納財、破土、安葬、啟攢
每日胎神占方	碓磨栖外東北	廚灶床外東北	倉庫碓外東北	房床廁外東北	占門爐外東北
每日沖煞年齡	沖龍52歲煞北	沖蛇51歲煞西	沖馬50歲煞南	沖羊49歲煞東	沖猴48歲煞北

10	9	寒露	8	7	6
星期六	星期五		星期四	星期三	星期二
	刀砧日		刀砧日		勿探病
廿八	廿七	亥時 22點43分	廿六	廿五	廿四
己未	戊午		丁巳	丙辰	乙卯
火	火		土	土	水
收	成		危成	危	破
★	宜		宜	宜	★
忌 祈福、出行、納采、問名、嫁娶、移徙、安床、解除、修造動土、豎柱上樑、開市、立券、交易、納財、破土、安葬、啟攢	**宜** 出行、納采、問名、嫁娶、移徙、修造動土、豎柱上樑、開市、立券、交易、納財、入宅 **忌** 破土、安葬、啟攢	**斗指甲為寒露，斯時露寒冷而將欲凝結，故名寒露。** **節氣諺語：白露水，寒露風。** 指白露這天如果下雨，則寒露時節會容易有風災。	**宜** 祭祀、安床、入宅 **忌** 祈福、出行、解除、破土、安葬、啟攢	**宜** 入宅 **忌** 祈福、出行、解除、剃頭、修造動土、豎柱上樑	**諸事不宜**
占門廁外正東	房床碓外正東		倉庫床外正東	廚灶棲外正東	碓磨門外正東
沖牛43歲煞西	沖鼠44歲煞北		沖豬45歲煞東	沖狗46歲煞南	沖雞47歲煞西

16	15	14	13	12	11
五期星	四期星	三期星	二期星	一期星	日期星
				天德合 月德合	
初四	初三	初二	九月初一	三十	廿九
乙丑	甲子	癸亥	壬戌	辛酉	庚申
金	金	水	水	木	木
平	滿	除	建	閉	開
★	宜	宜	宜	宜	宜
諸事不宜	**宜** 祭祀 **忌** 祈福、出行、納采、問名、嫁娶、移徙、安床、解除、修造動土、豎柱上樑、開市、立券、交易、納財、破土、安葬、啟攢	**宜** 祭祀 **忌** 嫁娶、修造動土、破土、安葬、啟攢	**宜** 祭祀、祈福、出行、納采、問名、移徙、解除、豎柱上樑、納財、入宅 **忌** 修造動土、破土	**宜** 祭祀	**宜** 祭祀、祈福、出行、移徙、解除、修造動土、豎柱上樑、開市、入宅 **忌** 納采、問名、嫁娶、安床、立券、交易
碓磨廁外東南	占門碓外東南	占房床外東南	倉庫栖外東南	廚灶門外東南	碓磨爐外東南
沖羊37歲煞東	沖馬38歲煞南	沖蛇39歲煞西	沖龍40歲煞北	沖兔41歲煞東	沖虎42歲煞南

乙未年每日宜忌

22	21	20	19	18	17
四期星	三期星	二期星	一期星	日期星	六期星
天德合 月德合	中壇元帥 千秋 刀砧日 勿探病	刀砧日			天德 月德
初十	初九	初八	初七	初六	初五
辛未	庚午	己巳	戊辰	丁卯	丙寅
土	土	木	木	火	火
收	成	危	破	執	定
宜	宜	宜	宜	宜	★
宜 祭祀 **忌** 修造動土、破土	**宜** 祭祀、祈福、出行、納采、問名、嫁娶、移徙、解除、修造動土、豎柱上樑、開市、立券、交易、納財、破土、安葬、入宅	**宜** 祭祀、安床 **忌** 祈福、出行、解除、破土、安葬、啟攢	**宜** 祭祀 **忌** 祈福、出行、納采、問名、嫁娶、移徙、安床、解除、修造動土、豎柱上樑、開市、立券、交易、納財、破土、安葬、啟攢	**宜** 祭祀、祈福、嫁娶、破土、安葬、啟攢 **忌** 開市、立券、交易、納財	**日逢受死日，不宜諸吉事**
廚灶廁外西南	占碓磨外正南	占門床外正南	房床栖外正南	倉庫門外正南	廚灶爐外正南
沖牛31歲煞西	沖鼠32歲煞北	沖豬33歲煞東	沖狗34歲煞南	沖雞35歲煞西	沖猴36歲煞北

23	24	霜降	25	26
五期星	六期星		日期星	一期星
十一	十二	丑時 01點47分	十三	十四
申壬	酉癸		戌甲	亥乙
金	金		火	火
開	閉		建	除
宜	宜		★	宜
宜 祭祀、祈福、出行、移徙、解除、修造動土、豎柱上樑、開市、納財 **忌** 納采、問名、嫁娶、安床、立券、交易	**宜** 祭祀 **忌** 祈福、出行、納采、問名、嫁娶、移徙、安床、解除、修造動土、豎柱上樑、開市、立券、交易、納財、破土、安葬、啟攢	**斗指巳為霜降，氣肅，露凝結為霜而下降，故名霜降。** **節氣諺語：霜降，風颱走去藏。** 指霜降後，颱風季節也就結束了。	**諸事不宜**	**宜** 入宅 **忌** 祈福、納采、問名、嫁娶、移徙、安床、修造動土、豎柱上樑、破土、安葬、啟攢
倉庫爐外西南	房床門外西南		門碓栖外西南	碓磨床外西南
沖虎30歲煞南	沖兔29歲煞東		沖龍28歲煞北	沖蛇27歲煞西

乙未年每日宜忌

31	30	29	28	27
六期星	五期星	四期星	三期星	二期星
觀音菩薩出家日	勿探病			天德 月德 吳三王爺千秋
十九	十八	十七	十六	十五
庚辰	己卯	戊寅	丁丑	丙子
金	土	土	水	水
破	執	定	平	滿
宜	宜	★	★	宜
宜 祭祀、解除 **忌** 祈福、出行、納采、問名、嫁娶、移徙、安床、修造動土、豎柱上樑、開市、立券、交易、納財、破土、安葬、啟攢	**宜** 祭祀、祈福、嫁娶、安葬、入宅 **忌** 開市、立券、交易、納財	**日逢受死日，不宜諸吉事**	**諸事不宜**	**宜** 祭祀、祈福、出行、納采、問名、嫁娶、解除、修造動土、豎柱上樑、開市、立券、交易、納財、破土、安葬、啟攢 **忌** 移徙
碓磨栖外正西	占大門外正西	房床爐外正西	倉庫廁外正西	廚灶碓外西南
沖狗22歲煞南	沖雞23歲煞西	沖猴24歲煞北	沖羊25歲煞東	沖馬26歲煞南

二〇一五年 國曆十一月小

農曆九月 菊月 煞北方

立冬之日怕逢壬，來歲高田枉費心
此日更逢壬子日，災情疾病損人民

國曆	星期	神煞	農曆	干支	五行	建除		宜忌	每日胎神占方	每日沖煞年齡
1	日期星	天德合 月德合 刀砧日	二十	辛巳	金	危	宜	宜 祭祀、納采、問名、嫁娶、移徙、安床、修造動土、豎柱上樑 忌 祈福、出行、解除	廚灶床外正西	沖豬21歲煞東
2	一期星	刀砧日	廿一	壬午	木	成	宜	宜 祭祀、祈福、出行、納采、問名、嫁娶、移徙、解除、修造動土、豎柱上樑、開市、立券、交易、納財、破土、安葬、入宅	倉庫碓外西北	沖鼠20歲煞北
3	二期星		廿二	癸未	木	收	宜	宜 祭祀 忌 祈福、出行、納采、問名、嫁娶、移徙、安床、解除、修造動土、豎柱上樑、開市、立券、交易、納財、破土、安葬、啟攢	房床廁外西北	沖牛19歲煞西
4	三期星		廿三	甲申	水	開	宜	宜 祭祀、祈福、出行、移徙、解除、修造動土、豎柱上樑、開市、入宅 忌 納采、問名、嫁娶、安床、立券、交易	占門爐外西北	沖虎18歲煞南
5	四期星		廿四	乙酉	水	閉	宜	忌 祈福、出行、納采、問名、嫁娶、移徙、安床、解除、修造動土、豎柱上樑、開市、立券、交易、納財、破土、安葬、啟攢	碓磨門外西北	沖兔17歲煞東

9	立冬	8	7	6
星期一		星期日	星期六	星期五
月德合				天德 月德
廿八	丑時 01點59分	廿七	廿六	廿五
己丑		戊子	丁亥	丙戌
火		火	土	土
滿		除滿	除	建
宜		宜	★	宜
宜 祭祀 **忌** 出行、納采、問名、嫁娶、移徙	斗指西北維為立冬，冬者終也，立冬之時萬物終成，故名立冬。 **節氣諺語：補冬補嘴空。** 民俗上，立冬日要吃麻油雞等進補，儲備過冬的體力。	**宜** 入宅 **忌** 祈福、出行、納采、問名、嫁娶、移徙、安床、解除、修造動土、豎柱上樑、開市、立券、交易、納財	**忌** 祈福、納采、問名、嫁娶、移徙、安床、修造動土、豎柱上樑、破土、安葬、啟攢	**宜** 祭祀、祈福、出行、納采、問名、嫁娶、移徙、解除、豎柱上樑、納財、安葬 **忌** 修造動土、破土
占門廁外正北		房床碓外正北	倉庫床外西北	廚灶栖外西北
沖羊13歲煞東		沖馬14歲煞南	沖蛇15歲煞西	沖龍16歲煞北

10	11	12	13	14	15
星期二	星期三	星期四	星期五	星期六	星期日
天德合 藥師佛 佛誕				月德	天德
廿九	三十	十月 初一	初二	初三	初四
庚寅	辛卯	壬辰	癸巳	甲午	乙未
木	木	水	水	金	金
平	定	執	破	危	成
宜	宜	★	★	宜	宜
宜 出行、納采、問名、嫁娶、移徙、修造動土、豎柱上樑、開市、立券、交易、納財、破土、安葬、啟攢、入宅 **忌** 祭祀、祈福、解除	**宜** 出行、納采、問名、嫁娶、移徙、修造動土、豎柱上樑、開市、立券、交易、納財、破土、啟攢、入宅 **忌** 解除	**忌** 出行、納采、問名、嫁娶、移徙、安床、解除、修造動土、豎柱上樑、開市、立券、交易、納財、破土、安葬、啟攢	**忌** 祈福、出行、納采、問名、嫁娶、移徙、安床、修造動土、豎柱上樑、開市、立券、交易、納財、破土、安葬、啟攢	**宜** 祭祀、祈福、出行、納采、問名、嫁娶、移徙、安床、解除、修造動土、豎柱上樑、納財、破土、安葬、入宅	**宜** 祭祀、祈福、納采、問名、解除、修造動土、豎柱上樑、開市、立券、交易、納財、安葬 **忌** 出行、嫁娶、移徙
碓磨爐外正北	廚灶門外正北	倉庫栖外正北	占房床房內北	占門碓房內北	碓磨廁房內北
沖猴12歲煞北	沖雞11歲煞西	沖狗10歲煞南	沖豬9歲煞東	沖鼠8歲煞北	沖牛7歲煞西

乙未年每日宜忌

21	20	19	18	17	16
六期星	**五期星**	**四期星**	**三期星**	**二期星**	**一期星**
水仙尊王千秋	天德合	月德合		刀砧日	達摩祖師佛誕 刀砧日
初十	**初九**	**初八**	**初七**	**初六**	**初五**
辛丑	庚子	己亥	戊戌	丁酉	丙申
土	土	木	木	火	火
滿	除	建	閉	開	收
宜	**宜**	★	★	**宜**	★
宜 祭祀 **忌** 祈福、出行、納采、問名、嫁娶、移徙、安床、解除、修造動土、豎柱上樑、開市、立券、交易、納財、破土、安葬、啟攢	**宜** 祭祀、祈福、出行、納采、問名、嫁娶、移徙、解除、修造動土、豎柱上樑、破土、安葬、啟攢、入宅	**諸事不宜**	**諸事不宜**	**宜** 祭祀 **忌** 納采、問名、嫁娶、立券、交易	**日逢受死日，不宜諸吉事**
廚灶廁房內南	占碓磨房內南	占門床房內南	房床栖房內南	倉庫門房內北	廚灶爐房內北
沖羊1歲煞東	沖馬2歲煞南	沖蛇3歲煞西	沖龍4歲煞北	沖兔5歲煞東	沖虎6歲煞南

22	小雪	23	24	25
星期日		星期一	星期二	星期三
勿探病			月德	天德
十一	子時 23點25分	十二	十三	十四
壬寅		癸卯	甲辰	乙巳
金		金	火	火
平		定	執	破
宜		宜	宜	宜
宜 出行、納采、問名、嫁娶、移徙、修造動土、豎柱上樑、開市、立券、交易、納財、入宅 **忌** 祭祀、祈福、解除	**斗指己，斯時天已積陰，寒未深而雪未大，故名小雪。** **節氣諺語：小雪小到。** 指烏魚群在小雪前後剛到台灣海峽來，數量還不多。	**宜** 出行、納采、問名、嫁娶、移徙、修造動土、豎柱上樑、開市、立券、交易、納財、破土、安葬、啟攢、入宅 **忌** 解除	**宜** 祭祀、祈福、納采、問名、嫁娶、移徙、解除、豎柱上樑、納財、安葬、入宅 **忌** 出行、修造動土、破土	**宜** 祭祀、解除 **忌** 祈福、出行、納采、問名、嫁娶、移徙、安床、修造動土、豎柱上樑、開市、立券、交易、納財、破土、安葬、啟攢
倉庫爐房內南		房床門房內南	門雞栖房內東	碓磨床房內東
沖猴60歲煞北		沖雞59歲煞西	沖狗58歲煞南	沖猪57歲煞東

30	29	28	27	26
一期星	日期星	六期星	五期星	四期星
天德合	月德合 刀砧日	刀砧日		下元水官 千秋
十九	十八	十七	十六	十五
庚戌	己酉	戊申	丁未	丙午
金	土	土	水	水
閉	開	收	成	危
宜	宜	★	宜	宜
宜 祭祀 **忌** 祈福、出行、納采、問名、嫁娶、移徙、安床、解除、修造動土、豎柱上樑、開市、立券、交易、納財、破土、安葬、啟攢	**宜** 祭祀、祈福、出行、納采、問名、嫁娶、移徙、解除、修造動土、豎柱上樑、開市、納財	**日逢受死日，不宜諸吉事**	**宜** 祭祀、祈福、修造動土、豎柱上樑、開市、立券、交易、納財 **忌** 出行、納采、問名、嫁娶、移徙	**宜** 祭祀 **忌** 祈福、出行、納采、問名、嫁娶、移徙、安床、解除、修造動土、豎柱上樑、開市、立券、交易、納財、破土、安葬、啟攢
碓磨栖外東北	占大門外東北	房床爐房內東	倉庫廁房內東	廚灶碓房內東
沖龍52歲煞北	沖兔53歲煞東	沖虎54歲煞南	沖牛55歲煞西	沖鼠56歲煞北

二〇一五年 國曆十二月大	1	2	3	4
	星期二	星期三	星期四	星期五
				月德 周倉將軍 千歲 勿探病
農曆十月 陽月 煞西方	二十	廿一	廿二	廿三
	辛亥	壬子	癸丑	甲寅
	金	木	木	水
	建	除	滿	平
	宜	宜	宜	宜
初一西風盜賊多，更兼大雪有災魔 冬至天晴無日色，來年定唱太平歌	**宜** 祭祀 **忌** 祈福、出行、納采、問名、嫁娶、移徙、安床、解除、修造動土、豎柱上樑、開市、立券、交易、納財、破土、安葬、啟攢	**宜** 入宅 **忌** 祈福、出行、納采、問名、嫁娶、移徙、安床、解除、修造動土、豎柱上樑、開市、立券、交易、納財、破土、安葬、啟攢	**宜** 祭祀 **忌** 祈福、出行、納采、問名、嫁娶、移徙、安床、解除、修造動土、豎柱上樑、開市、立券、交易、納財、破土、安葬、啟攢	**宜** 出行、移徙、修造動土、豎柱上樑、開市、立券、交易、納財、破土、安葬、啟攢 **忌** 祭祀、祈福、納采、問名、嫁娶、解除
每日胎神占方	廚灶床外東北	倉庫碓外東北	房床廁外東北	占門爐外東北
每日沖煞年齡	沖蛇51歲煞西	沖馬50歲煞南	沖羊49歲煞東	沖猴48歲煞北

5	6	7	大雪	8	9
星期六	星期日	星期一		星期二	星期三
天德 勿探病		月德合		紫微星君 聖誕	
廿四	廿五	廿六	酉時 18點53分	廿七	廿八
乙卯	丙辰	丁巳		戊午	己未
水	土	土		火	火
定	執	執破		破	危
宜	宜	宜		★	★
宜 祭祀、祈福、出行、納采、問名、嫁娶、移徙、解除、修造動土、豎柱上樑、開市、立券、交易、納財、破土、安葬、啟攢、入宅	**宜** 解除 **忌** 出行、修造動土、開市、立券、交易、納財、補垣、破土	**宜** 祭祀 **忌** 祈福、出行、納采、問名、嫁娶、移徙、安床、解除、修造動土、豎柱上樑、開市、立券、交易、納財、破土、安葬、啟攢	**斗指甲，斯時積陰為雪，至此粟烈而大過於小雪，故名大雪。** **節氣諺語：大雪大到。** 指烏魚群到了大雪時，便大批湧進台灣海峽。	**諸事不宜**	**忌** 祈福、出行、納采、問名、嫁娶、移徙、安床、解除、修造動土、豎柱上樑、開市、立券、交易、納財、破土、安葬、啟攢
碓磨門外正東	廚灶栖外正東	倉庫床外正東		房床碓外正東	占門廁外正東
沖雞47歲煞西	沖狗46歲煞南	沖豬45歲煞東		沖鼠44歲煞北	沖牛43歲煞西

15	14	13	12	11	10
星期二	星期一	星期日	星期六	星期五	星期四
	天赦日		月德	刀砧日	刀砧日
初五	初四	初三	初二	十一月初一	廿九
乙丑	甲子	癸亥	壬戌	辛酉	庚申
金	金	水	水	木	木
除	建	閉	開	收	成
宜	宜	★	宜	★	宜
宜 祭祀、祈福、出行、納采、問名、嫁娶、移徙、解除、修造動土、豎柱上樑、立券、交易、納財、破土、安葬、入宅	**宜** 祭祀 **忌** 祈福、出行、納采、問名、嫁娶、移徙、安床、解除、修造動土、豎柱上樑、開市、立券、交易、納財、破土、安葬、啟攢	**忌** 祈福、出行、納采、問名、嫁娶、移徙、安床、解除、修造動土、豎柱上樑、開市、立券、交易、納財、破土、安葬、啟攢	**宜** 祭祀、祈福、納采、問名、解除、修造動土、豎柱上樑、開市 **忌** 出行、嫁娶、移徙	**忌** 祈福、出行、納采、問名、嫁娶、移徙、安床、解除、修造動土、豎柱上樑、開市、立券、交易、納財、破土、安葬、啟攢	**宜** 出行、移徙、解除、豎柱上樑、開市、立券、交易、納財、安葬、入宅 **忌** 納采、問名、嫁娶、安床、修造動土、破土
碓磨 廁外 東南	占門 碓外 東南	占房 床外 東南	倉庫 棲外 東南	廚灶 門外 東南	碓磨 爐外 東南
沖羊 37歲 煞東	沖馬 38歲 煞南	沖蛇 39歲 煞西	沖龍 40歲 煞北	沖兔 41歲 煞東	沖虎 42歲 煞南

乙未年每日宜忌

21	20	19	18	17	16
星期一	星期日	星期六	星期五	星期四	星期三
太乙救苦天尊聖誕	勿探病			月德合	
十一	初十	初九	初八	初七	初六
辛未	庚午	己巳	戊辰	丁卯	丙寅
土	土	木	木	火	火
危	破	執	定	平	滿
宜	★	宜	宜	★	宜
忌 祈福、出行、納采、問名、嫁娶、移徙、安床、解除、修造動土、豎柱上樑、開市、立券、交易、納財、破土、安葬、啟攢	**諸事不宜**	**宜** 祭祀、入宅 **忌** 祈福、出行、納采、問名、嫁娶、移徙、安床、解除、修造動土、豎柱上樑、開市、立券、交易、納財、破土、安葬、啟攢	**宜** 祭祀、祈福、納采、問名、嫁娶、修造動土、豎柱上樑、立券、交易、納財、入宅 **忌** 解除	**日逢受死日，不宜諸吉事**	**宜** 出行、解除、修造動土、豎柱上樑、開市、立券、交易、納財、破土、啟攢 **忌** 祭祀、納采、問名、移徙
廚灶廁外西南	占碓磨外正南	占門床外正南	房床栖外正南	倉庫門外正南	廚灶爐外正南
沖牛31歲煞西	沖鼠32歲煞北	沖豬33歲煞東	沖狗34歲煞南	沖雞35歲煞西	沖猴36歲煞北

22	冬至	23	24	25
星期二		星期三	星期四	星期五
月德 刀砧日		刀砧日		
十二	午時 12點48分	十三	十四	十五
壬申		癸酉	甲戌	乙亥
金		金	火	火
成		收	開	閉
宜		★	宜	宜
宜 祭祀、祈福、出行、納采、問名、嫁娶、移徙、安床、解除、豎柱上樑、開市、立券、交易、納財、安葬、入宅 **忌** 安床、修造動土、破土	**時陰極之至，明陽氣始至，日行至南，北半球晝最短而夜最長。** **節氣諺語：冬至烏，過年酥。** 冬至這天如果下雨，那麼過年時就有很高的機率會放晴。	**忌** 祈福、出行、納采、問名、嫁娶、移徙、安床、解除、修造動土、豎柱上樑、開市、立券、交易、納財、破土、安葬、啟攢	**宜** 祭祀、祈福、納采、問名、解除、修造動土、豎柱上樑 **忌** 出行、嫁娶、移徙、開市、立券、交易、納財	**宜** 祭祀、納財、入宅 **忌** 祈福、出行、納采、問名、嫁娶、移徙、安床、解除、修造動土、豎柱上樑、開市、破土、安葬、啟攢
倉庫爐外西南		房床門外西南	門碓栖外西南	碓磨床外西南
沖虎30歲煞南		沖兔29歲煞東	沖龍28歲煞北	沖蛇27歲煞西

乙未年每日宜忌

31	30	29	28	27	26
四期星	**三期星**	**二期星**	**一期星**	**日期星**	**六期星**
		勿探病		月德合	
廿一	**二十**	**十九**	**十八**	**十七**	**十六**
巳辛	辰庚	卯己	寅戊	丑丁	子丙
金	金	土	土	水	水
執	定	平	滿	除	建
宜	宜	★	宜	宜	★
宜 祭祀、入宅 **忌** 祈福、出行、納采、問名、嫁娶、移徙、安床、解除、修造動土、豎柱上樑、開市、立券、交易、納財、破土、安葬、啟攢	**宜** 祭祀、祈福、納采、問名、嫁娶、修造動土、豎柱上樑、立券、交易、納財、入宅 **忌** 解除	**日逢受死日，不宜諸吉事**	**宜** 出行、解除、修造動土、豎柱上樑、立券、交易、納財 **忌** 祭祀、納采、問名、移徙	**宜** 祭祀、祈福、出行、納采、問名、嫁娶、移徙、解除、沐浴、修造動土、豎柱上樑、立券、交易、納財、安葬、入宅	**諸事不宜**
廚灶床外正西	碓磨栖外正西	占大門外正西	房床爐外正西	倉庫廁外正西	廚灶碓外西南
沖豬21歲煞東	沖狗22歲煞南	沖雞23歲煞西	沖猴24歲煞北	沖羊25歲煞東	沖馬26歲煞南

二〇一六年國曆一月大	1	2	3	4	5
	星期五	星期六	星期日	星期一	星期二
	月德 勿探病		刀砧日	刀砧日	
農曆十一月 葭月 煞南方	廿二	廿三	廿四	廿五	廿六
	壬午	癸未	甲申	乙酉	丙戌
	木	木	水	水	土
	破	危	成	收	開
	宜	★	宜	宜	宜
朔日西風六畜災，綿絲五穀德成堆 最喜大寒無雨雪，太平冬盡賀春來	**宜** 祭祀 **忌** 祈福、出行、納采、問名、嫁娶、移徙、安床、解除、修造動土、豎柱上樑、開市、立券、交易、納財、破土、安葬、啟攢	**忌** 祈福、出行、納采、問名、嫁娶、移徙、安床、解除、修造動土、豎柱上樑、開市、立券、交易、納財、破土、安葬、啟攢	**宜** 祭祀、祈福、出行、納采、問名、嫁娶、移徙、解除、豎柱上樑、開市、立券、交易、納財、安葬、入宅 **忌** 安床、修造動土、破土	**宜** 祭祀 **忌** 祈福、出行、納采、問名、嫁娶、移徙、安床、解除、修造動土、豎柱上樑、開市、立券、交易、納財、破土、安葬、啟攢	**宜** 祭祀、祈福、解除、修造動土、豎柱上樑 **忌** 出行、嫁娶、移徙、開市、立券、交易、納財
每日胎神占方	倉庫碓外西北	房床廁外西北	占門爐外西北	碓磨門外西北	廚灶棲外西北
每日沖煞年齡	沖鼠20歲煞北	沖牛19歲煞西	沖虎18歲煞南	沖兔17歲煞東	沖龍16歲煞北

6	小寒	7	8	9
三期星		四期星	五期星	六期星
				天德 月德
廿七	卯時 06點08分	廿八	廿九	三十
丁亥		戊子	己丑	庚寅
土		火	火	木
開閉		閉	建	除
宜		宜	★	宜
宜 祭祀、入宅 **忌** 祈福、出行、納采、問名、嫁娶、移徙、安床、解除、修造動土、豎柱上樑、開市、立券、交易、納財、破土、安葬、啟攢	斗指戌為小寒，時天氣漸寒，尚未大冷，故名小寒。 節氣諺語：小寒大冷，人馬安。 小寒時天氣應寒冷，人畜才會平安。	**宜** 祭祀 **忌** 祈福、出行、納采、問名、嫁娶、移徙、安床、解除、修造動土、豎柱上樑、開市、立券、交易、納財、破土	**忌** 祈福、出行、納采、問名、嫁娶、移徙、解除、修造動土、豎柱上樑、破土、安葬、啟攢	**宜** 納采、問名、嫁娶、移徙、解除、修造動土、豎柱上樑、立券、交易、納財、破土、安葬、啟攢 **忌** 祭祀、出行
倉庫床外西北		房床碓外正北	占門廁外正北	碓磨爐外正北
沖蛇15歲煞西		沖馬14歲煞南	沖羊13歲煞東	沖猴12歲煞北

15	14	13	12	11	10
五期星	四期星	三期星	二期星	一期星	日期星
刀砧日	天德合				
初六	初五	初四	初三	初二	十二月初一
申丙	未乙	午甲	巳癸	辰壬	卯辛
火	金	金	水	水	木
危	破	執	定	平	滿
宜	宜	宜	宜	★	宜
宜 祭祀、開市、納財、破土、安葬、入宅 **忌** 祈福、納采、問名、安床、解除、立券、交易	**宜** 祭祀、解除 **忌** 祈福、出行、納采、問名、嫁娶、移徙、安床、修造動土、豎柱上樑、開市、立券、交易、納財、破土、安葬、啟攢	**宜** 祭祀、入宅 **忌** 祈福、納采、問名、嫁娶、修造動土、豎柱上樑、安床、解除、開市、立券、交易、納財、破土、安葬、啟攢	**宜** 納采、問名、修造動土、豎柱上樑、立券、交易、納財、入宅 **忌** 出行、嫁娶、解除、破土、安葬、啟攢	**諸事不宜**	**宜** 祭祀 **忌** 祈福、出行、納采、問名、嫁娶、移徙、安床、解除、修造動土、豎柱上樑、開市、立券、交易、納財、破土、安葬、啟攢
內爐廚 北房灶	內廁碓 北房磨	內碓占 北房門	內床占 北房房	正栖倉 北外庫	正門廚 北外灶
煞6沖 南歲虎	煞7沖 西歲牛	煞8沖 北歲鼠	煞9沖 東歲豬	煞10沖 南歲狗	煞11沖 西歲雞

大寒	20	19	18	17	16
	星期三	星期二	星期一	星期日	星期六
		天德 月德			刀砧日
子時 22點27分	十一	初十	初九	初八	初七
	辛丑	庚子	己亥	戊戌	丁酉
	土	土	木	木	火
	建	閉	開	收	成
	宜	宜	宜	宜	★
斗指癸為大寒，時大寒粟烈已極，故名大寒。 **節氣諺語：大寒不寒，春分不暖。** 大寒若天氣溫暖，表氣候不順，隔年春分仍會寒冷。	**宜** 祭祀、祈福、納采、問名、解除、豎柱上樑、納財 **忌** 出行、嫁娶、移徙、修造動土、破土	**宜** 祭祀、安葬、啟攢 **忌** 移徙、修造動土、破土	**宜** 祭祀 **忌** 祈福、出行、納采、問名、嫁娶、移徙、安床、解除、修造動土、豎柱上樑、開市、立券、交易、納財、破土、安葬、啟攢	**宜** 祭祀 **忌** 祈福、出行、納采、問名、嫁娶、移徙、安床、解除、修造動土、豎柱上樑、開市、立券、交易、納財、破土、安葬、啟攢	**日逢受死日，不宜諸吉事**
	廚灶廁房內南	占碓磨房內南	占門床房內南	房床栖房內南	倉庫門房內北
	沖羊1歲煞東	沖馬2歲煞南	沖蛇3歲煞西	沖龍4歲煞北	沖兔5歲煞東

	21	22	23	24	25	26
	四期星	五期星	六期星	日期星	一期星	二期星
	勿探病			天德合 月德合		
	十二	十三	十四	十五	十六	十七
	壬寅	癸卯	甲辰	乙巳	丙午	丁未
	金	金	火	火	水	水
	除	滿	平	定	執	破
	宜	宜	★	宜	★	★
	宜 入宅 **忌** 祭祀、出行	**宜** 祭祀 **忌** 祈福、出行、納采、問名、嫁娶、移徙、安床、解除、修造動土、豎柱上樑、開市、立券、交易、納財、破土、安葬、啟攢	**諸事不宜**	**宜** 祭祀、祈福、納采、問名、嫁娶、移徙、解除、修造動土、豎柱上樑、立券、交易、納財、入宅 **忌** 出行	**忌** 祈福、出行、納采、問名、嫁娶、移徙、安床、解除、修造動土、豎柱上樑、開市、立券、交易、納財、破土、安葬、啟攢	**諸事不宜**
	倉庫爐房內南	房床門房內南	門雞栖房內東	碓磨床房內東	廚灶碓房內東	倉庫廁房內東
	沖猴60歲煞北	沖雞59歲煞西	沖狗58歲煞南	沖豬57歲煞東	沖鼠56歲煞北	沖牛55歲煞西

乙未年每日宜忌

31	30	29	28	27
星期日	星期六	星期五	星期四	星期三
		天德 月德	刀砧日	刀砧日
廿二	廿一	二十	十九	十八
壬子	辛亥	庚戌	己酉	戊申
木	金	金	土	土
閉	開	收	成	危
宜	宜	宜	★	宜
宜 祭祀 **忌** 祈福、出行、納采、問名、嫁娶、移徙、安床、解除、修造動土、豎柱上樑、開市、立券、交易、納財、破土、安葬	**宜** 祭祀 **忌** 祈福、出行、納采、問名、嫁娶、移徙、安床、解除、修造動土、豎柱上樑、開市、立券、交易、納財、破土、安葬、啟攢	**宜** 祭祀	**日逢受死日，不宜諸吉事**	**宜** 祭祀、開市、納財 **忌** 祈福、納采、問名、安床、解除、立券、交易
倉庫碓外東北	廚灶床外東北	碓磨栖外東北	占大門外東北	房床爐房內東
沖馬50歲煞南	沖蛇51歲煞西	沖龍52歲煞北	沖兔53歲煞東	沖虎54歲煞南

二〇一六年 國曆二月大	1	2	3	4	立春
	一期星	二期星	三期星	四期星	
		送神日 勿探病	天德合 月德合 天神下降日 勿探病		
農曆十二月 臘月 煞東方	廿三	廿四	廿五	廿六	辰時 17點46分
	癸丑	甲寅	乙卯	丙辰	
	木	水	水	土	
	建	除	滿	滿平	
	★	宜	宜	宜	
立春最喜晴一日，元旦景雲光齊天 雨水連綿是豐年，農夫不用力耕田	**忌** 祈福、出行、納采、問名、嫁娶、移徙、解除、修造動土、豎柱上樑、破土、安葬、啟攢	**宜** 入宅 **忌** 祭祀、出行、納采、問名、嫁娶	**宜** 祭祀、祈福、出行、納采、問名、嫁娶、移徙、解除、豎柱上樑、開市、立券、交易、納財、安葬、啟攢 **忌** 修造動土、破土	**宜** 祭祀、祈福、出行、納采、問名、移徙、解除、修造動土、豎柱上樑、開市、立券、交易、納財、安葬	**斗指東北維為立春，時春氣始至，四時之卒始，故名立春也。** **節氣諺語：立春打雷，十處豬欄九處空。** 立春這天如果打雷，會六畜不安。相反的，雷不打春，今年一定好年冬。
每日胎神占方	房床廁外東北	占門爐外東北	碓磨門外正東	廚灶棲外正東	
每日沖煞年齡	沖羊49歲煞東	沖猴48歲煞北	沖雞47歲煞西	沖狗46歲煞南	

乙未年每日宜忌

10	9	8	7	6	5
星期三	星期二	星期一	星期日	星期六	星期五
天德合	月德合	春節	除夕		天德
初三	**初二**	**正月初一**	**廿九**	**廿八**	**廿七**
壬戌	辛酉	庚申	己未	戊午	丁巳
水	木	木	火	火	土
成	危	破	執	定	平
★	★	★	★	**宜**	**宜**
日逢受死日，不宜諸吉事	**諸事不宜**	**諸事不宜**	**忌** 納采、問名、嫁娶、開市、立券、交易、納財	**宜** 祭祀、祈福、出行、納采、問名、嫁娶、移徙、修造動土、豎柱上樑、開市、立券、交易、納財、入宅 **忌** 解除	**宜** 祭祀 **忌** 祈福、出行、解除
倉庫栖外東南	廚灶門外東南	碓磨爐外東南	占門廁外正東	房床碓外正東	倉庫床外正東
沖龍41歲煞北	沖兔42歲煞東	沖虎43歲煞南	沖牛43歲煞西	沖鼠44歲煞北	沖豬45歲煞東

11	12	13	14	15	16
四期星	五期星	六期星	日期星	一期星	二期星
孫真人聖誕 刀砧日	刀砧日	清水祖師聖誕	月德	天德	玉皇大帝聖誕
初四	初五	初六	初七	初八	初九
癸亥	甲子	乙丑	丙寅	丁卯	戊辰
水	金	金	火	火	木
收	開	閉	建	除	滿
宜	宜	★	宜	宜	宜
宜 祭祀 **忌** 嫁娶、破土、安葬、啟攢	**宜** 祭祀 **忌** 納采、問名、破土、安葬、啟攢	**諸事不宜**	**宜** 納采、問名、解除、豎柱上樑、立券、安葬、啟攢 **忌** 祭祀、出行、嫁娶、移徙、修造動土、破土	**宜** 祭祀、祈福、出行、納采、問名、嫁娶、移徙、解除、修造動土、豎柱上樑、立券、破土、安葬、啟攢	**宜** 祭祀、祈福 **忌** 納采、問名、嫁娶、開市、立券
占房床外東南	占門碓外東南	碓磨廁外東南	廚灶爐外正南	倉庫門外正南	房床栖外正南
沖蛇40歲煞西	沖馬39歲煞南	沖羊38歲煞東	沖猴37歲煞北	沖雞36歲煞西	沖狗35歲煞南

雨水	17	18	19
	星期三	星期四	星期五
		勿探病	月德合
未時 13點34分	初十	十一	十二
	己巳	庚午	辛未
	木	土	土
	平	定	執
	★	宜	宜
斗指壬為雨水，時東風解凍，冰雪皆散而為水，化而為雨，故名雨水。 **節氣諺語：雨水，海水卡冷鬼。** 雨水時節雖已入春，但溫度仍低，海水摸起來還是非常冷冽。	**忌** 祈福、出行、納采、問名、嫁娶、移徙、安床、解除、修造動土、豎柱上樑、開市、立券、破土、安葬、啟攢	**宜** 入宅 **忌** 祭祀、祈福、出行、納采、問名、嫁娶、移徙、安床、修造動土、豎柱上樑、破土、安葬、啟攢	**宜** 祭祀、入宅 **忌** 祈福、出行、納采、問名、嫁娶、移徙、安床、解除、修造動土、豎柱上樑、開市、立券、破土、安葬、啟攢
	占門床外正南	占碓磨外正南	廚灶廁外西南
	沖豬34歲煞東	沖鼠33歲煞北	沖牛32歲煞西

24	23	22	21	20
三期星	二期星	一期星	日期星	六期星
月德 刀砧日	刀砧日	元宵節 天官聖誕		天德合 關聖帝君飛昇日
十七	十六	十五	十四	十三
丙子	乙亥	甲戌	癸酉	壬申
水	火	火	金	金
開	收	成	危	破
宜	宜	★	宜	宜
宜 祭祀、祈福、出行、納采、問名、嫁娶、移徙、解除、修造動土、豎柱上樑、開市、納財	**宜** 祭祀、祈福、出行、納采、問名、移徙、修造動土、豎柱上樑、開市、立券、入宅 **忌** 嫁娶	**日逢受死日，不宜諸吉事**	**宜** 祭祀、破土、安葬、入宅 **忌** 祈福、出行、納采、問名、嫁娶、移徙、安床、解除、修造動土、豎柱上樑、開市、立券	**宜** 祭祀、解除 **忌** 祈福、出行、納采、問名、嫁娶、移徙、安床、修造動土、豎柱上樑、開市、立券、破土、安葬、啟攢
廚灶碓外西南	碓磨床外西南	門碓栖外西南	房床門外西南	倉庫爐外西南
沖馬27歲煞南	沖蛇28歲煞西	沖龍29歲煞北	沖兔30歲煞東	沖虎31歲煞南

乙未年每日宜忌

25	26	27	28	29
星期四	星期五	星期六	星期日	星期一
天德	天赦日	勿探病		月德合
十八	十九	二十	廿一	廿二
丁丑	戊寅	己卯	庚辰	辛巳
水	土	土	金	金
閉	建	除	滿	平
宜	宜	宜	宜	宜
宜 祭祀 **忌** 祈福、出行、納采、問名、嫁娶、移徙、安床、解除、修造動土、豎柱上樑、開市、立券、交易、納財、破土、安葬、啟攢	**宜** 納采、問名、解除、豎柱上樑、立券、交易、納財、安葬 **忌** 祭祀、出行、嫁娶、移徙、修造動土、破土	**宜** 出行、嫁娶、解除、立券、交易、入宅	**宜** 祭祀、祈福 **忌** 納采、問名、嫁娶、開市、立券、交易、納財	**宜** 祭祀 **忌** 祈福、出行、解除
倉庫廁外正西	房床爐外正西	占大門外正西	碓磨栖外正西	廚灶床外正西
沖羊26歲煞東	沖猴25歲煞北	沖雞24歲煞西	沖狗23歲煞南	沖豬22歲煞東

擇日與擇時

Chapter 6

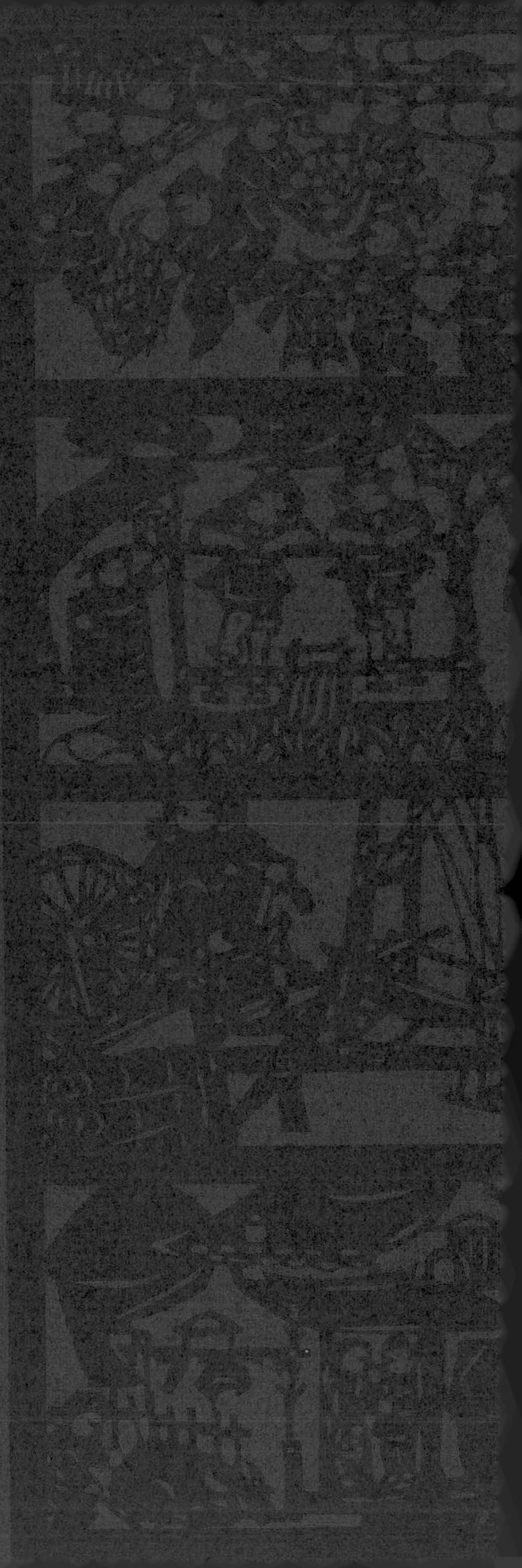

如何擇日與擇時

目前農民曆比較常被使用的功能就是「擇日」。雖然家家戶戶都有農民曆，上面「宜」、「忌」也標明得很清楚，不過大部分的人面對重要的事項，例如：結婚、安葬、安床等，仍都會慎重的請懂得命理的老師來選擇。

原因就在於除了少數的幾個「諸事皆宜」的日子之外，大部分的好日子，也不是每一件事情都可以做，甚至是在「諸事皆宜」的日子當中，也不是每個時辰都是好時辰，因此如何趨吉避凶，就著實令人煞費苦心。

不過除了牽涉廣泛的人生大事，像是嫁娶、安葬、生產等需要專業老師來擇日，其他像是日常的搬家、入宅、安床等，只要掌握一些訣竅，就能透過農民曆自己挑選好日子與好時辰。

擇日

首先要看「每日沖煞」的**生肖**與**年齡**，有沖犯到相關人員的日子都不能選擇。再來看的是每日的**宜忌**與**用事批註**。有一些日子是「凡事不取」、「諸吉事不宜」，這在**用事批註**的欄位上面，都會清楚標示，在擇日的時候先避開。

接下來針對要進行的事項來挑選，在用事批註這一欄裡頭，會標註每天可以進行的事項，這個部分可以參照前面的名詞解釋，找到自己要做的事項，再回來挑選適合從事這些事項的日子。

有時在擇日的時候也會參照「十二植位」。十二植位代表十二個**吉凶神**，每日的**植神**不同，宜忌也不同，十二植位中，最常用到的像是取下

制煞物品時，就會挑選「除日」，此外如果是「破日」、「危日」，通常代表**諸事不宜**。

擇時

選好適合的**日子**之後，接下來要挑選適合的**時間**。民間認為每一個**時辰**都有**吉凶神**在輪值，因此就算是好日子，也不一定每個時辰都適合，最好能選擇**吉神**輪值的時間來進行。

每個時辰的吉凶神，主要是根據不同的干支來循環。讀者可以先找出這一天的**干支**為何，再來對照每日時局表，就可以看到該日的每個時辰**吉凶神**輪值的情形，再挑選吉神輪值的時辰即可。

時辰吉凶神列表

吉神	金匱、大進、羅紋、交貴、六合、喜神、日祿、天赦、玉堂、少微、三合、進貴、貴人、右弼、天官、明堂、國印、長生、福星、天德、青龍、功曹、寶光、生旺、武曲、唐符、進祿、太陽、帝旺、福德、祿貴、交馳、貪狼、左輔、傳送、合格、鳳輦、太陰、金星、紫微、黃道、明輔、水星、司命、天地、會合、天賦、合局、逢印、臨官、財局、六甲、趨乾、合貴、同類、相資、六壬、趨艮、六申、元祿、馬元、地福、扶元、幹合、右彈、六進、進馬
兇神	日建、天兵、天牢、六戊、元武、大退、日沖、大凶、不遇、勾陳、天賊、路空、天刑、旬空、朱雀、白虎、地兵、日破、比肩、狗食、玄武、日刑、日馬、勿用、雷兵、建刑、日煞、五鬼、天武、天退、日武、日害、進虛、胞胎

巳	辰	卯	寅	丑	子	時／日
進貴 元武 大退	三合 天牢 六戊	天赦 玉堂 少微	喜神 日祿 天兵	羅紋 交貴 六合	金匱 大進 日建	甲子
三合 玉堂 不遇	進貴 白虎 地兵	大進 天德 日祿	進貴 金匱 六戊	福星 天赦 朱雀	六合 貴人 天兵	乙丑
日祿 寶光 路空	金匱 不遇 路空	進貴 功曹 朱雀	長生 天刑 地兵	明堂 右弼 狗食	天官 青龍 六戊	丙寅
進祿 朱雀 日馬	不遇 天刑 武曲	明堂 進貴 路空	青龍 大退 路空	唐符 武曲 勾陳	司命 日刑 地兵	丁卯
明堂 天赦 日祿	喜神 青龍 天兵	天官 太陽 勾陳	長生 司命 不遇	貴人 元武 路空	三合 大進 路空	戊辰
帝旺 勾陳 大退	司命 雷兵 六戊	天赦 天兵 元武	喜神 天官 天兵	三合 玉堂 不遇	大進 貴人 白虎	己巳
長生 進貴 元武	武曲 天牢 地兵	玉堂 大進 天賊	三合 生旺 六戊	祿貴 交馳 天德	日沖 大凶 不遇	庚午
福星 玉堂 路空	唐符 白虎 路空	三合 寶光 天德	羅紋 交貴 地兵	日破 大凶 朱雀	長生 進貴 六戊	辛未
羅紋 交貴 天德	三合 金匱 福星	貴人 朱雀 路空	日沖 大凶 路空	天官 明堂 左輔	三合 青龍 地兵	壬申
三合 羅紋 交貴	六合 喜神 天兵	日沖 大凶 勿用	青龍 功曹 天賊	三合 勾陳 路空	日祿 大進 路空	癸酉
明堂 傳送 大退	日破 大凶 六戊	六合 天赦 帝旺	喜神 日祿 天兵	貴人 日刑 元武	大進 福德 天牢	甲戌
日沖 大凶 勾陳	司命 功曹 地兵	三合 大進 日祿	六合 天牢 六戊	玉堂 福星 天赦	喜神 貴人 天兵	乙亥
日祿 進祿 路空	三合 不遇 路空	玉堂 少微 日刑	長生 日馬 地兵	六合 寶光 進貴	福星 金匱 六戊	丙子
三合 玉堂 帝旺	進貴 日煞 白虎	天德 寶光 路空	金匱 大退 路空	唐符 朱雀 日建	六合 進貴 地兵	丁丑
日祿 天赦 寶光	喜神 金匱 天兵	天官 貪狼 朱雀	長生 進祿 天刑	明堂 貴人 路空	大進 青龍 路空	戊寅

乙未年每日時局表

亥	戌	酉	申	未	午	時／日
長生 進貴 朱雀	國印 天刑 旬空	天官 明堂 路空	三合 天賊 路空	貴人 右弼 勾陳	日沖 大凶 不遇	甲子
福星 明堂 天赦	喜神 青龍 天兵	三合 比肩 勾陳	羅紋 交貴 大退	日破 大凶 路空	長生 天牢 路空	乙丑
六合 貴人 勾陳	三合 司命 六戊	天赦 貴人 玄武	日沖 大凶 天牢	玉堂 少微 武曲	三合 生旺 大進	丙寅
三合 貴人 元武	六合 天牢 地兵	日沖 大凶 勿用	功曹 白虎 六戊	三合 寶光 天赦	喜神 日祿 天兵	丁卯
玉堂 路空 旬空	日破 大凶 路空	六合 寶光 天德	三合 金匱 地兵	右弼 貴人 朱雀	雷兵 天刑 六戊	戊辰
日沖 大凶 不遇	金匱 福德 旬空	三合 長生 路空	羅紋 交貴 路空	明堂 福星 武曲	青龍 日祿 地兵	己巳
天赦 進祿 朱雀	三合 天兵 喜神	明堂 帝旺 貪狼	青龍 日祿 日馬	六合 貴人 路空	司命 福星 路空	庚午
三合 明堂 旬空	青龍 六戊 雷兵	天赦 日祿 不遇	喜神 司命 天兵	右弼 日建 元武	六合 大進 貴人	辛未
日祿 少微 勾陳	司命 進祿 地兵	大進 進貴 元武	長生 雷兵 六戊	玉堂 天赦 少微	喜神 白虎 天兵	壬申
帝旺 元武 路空	天官 天牢 路空	玉堂 進祿 建刑	狗食 白虎 地兵	天德 寶光 不遇	金匱 雷兵 六戊	癸酉
長生 玉堂 功曹	武曲 白虎 日建	天官 寶光 路空	金匱 天賊 路空	貴人 日刑 朱雀	三合 不遇 地兵	甲戌
福星 天赦 寶光	喜神 金匱 天兵	太陽 朱雀 比肩	貴人 大退 天賊	三合 明堂 路空	長生 青龍 路空	乙亥
羅紋 交貴 朱雀	福星 天刑 六戊	明堂 貴人 天赦	三合 青龍 喜神	進貴 勾陳 日煞	日沖 大凶 勿用	丙子
明堂 天官 貴人	青龍 進貴 地兵	三合 大進 福星	司命 進貴 六戊	日破 大凶 元武	喜神 日祿 天兵	丁丑
天地 會合 路空	三合 司命 路空	進虛 天賦 元武	日沖 貴人 天牢	玉堂 貴人 少微	三合 帝旺 六戊	戊寅

巳	辰	卯	寅	丑	子	時／日
日馬 朱雀 大退	雷兵 天刑 六戊	天赦 明堂 日建	喜神 青龍 天兵	武曲 勾陳 不遇	大進 貴人 司命	己卯
長生 明堂 功曹	青龍 日建 地兵	大進 胞胎 逢印	司命 日馬 六戊	天赦 貴人 元武	三合 喜神 天兵	庚辰
進貴 福星 路空	司命 進貴 路空	貪狼 天賊 元武	貴人 天牢 地兵	三合 玉堂 少微	長生 白虎 六戊	辛巳
貴人 長生 元武	福星 武曲 天牢	玉堂 貴人 路空	三合 臨官 路空	進貴 寶光 日煞	日沖 大凶 地兵	壬午
玉堂 貴人 大退	天官 喜神 天兵	三合 寶光 貴人	金匱 福星 進貴	日破 大凶 路空	大進 日祿 路空	癸未
天地 合格 寶光	三合 財局 六戊	天赦 帝旺 傳送	日沖 大凶 朱雀	羅紋 交貴 明堂	大進 青龍 路空	甲申
三合 朱雀 不遇	天地 會合 地兵	日沖 大凶 五鬼	青龍 雷兵 六戊	三合 進貴 福星	羅紋 交貴 天兵	乙酉
明堂 日祿 路空	日破 大凶 路空	天地 合局 勾陳	三合 司命 地兵	太陰 元武 日刑	天官 福星 六戊	丙戌
日沖 大凶 勾陳	司命 功曹 右弼	三合 元武 路空	天地 會合 路空	玉堂 唐符 少微	貪狼 白虎 地兵	丁亥
天赦 日祿 元武	三合 喜神 天兵	玉堂 天官 進貴	長生 日馬 六戊	六合 貴人 路空	大進 金匱 路空	戊子
三合 玉堂 帝旺	進貴 白虎 六戊	天赦 寶光 天德	喜神 金匱 天兵	唐符 不遇 朱雀	大進 羅紋 合貴	己丑
長生 寶光 進貴	金匱 福德 地兵	大進 胞胎 逢印	長生 雷兵 六戊	天赦 貴人 明堂	喜神 青龍 天兵	庚寅
福星 朱雀 路空	進貴 天刑 路空	明堂 同類 相資	青龍 貴人 地兵	武曲 勾陳 太陰	司命 雷兵 六戊	辛卯
明堂 貴人 天賊	福星 青龍 建刑	福星 貴人 路空	司命 臨官 路空	天官 水星 元武	三合 天牢 地兵	壬辰
天赦 貴人 大退	司命 喜神 天兵	長生 福星 貴人	天賊 天牢 日刑	三合 玉堂 路空	大進 日祿 路空	癸巳

乙未年每日時局表

亥	戌	酉	申	未	午	時/日
三合 進祿 不遇	天地 合局 天牢	日沖 大凶 路空	羅紋 交貴 路空	三合 寶光 福星	金匱 日祿 地兵	己卯
天赦 玉堂 傳送	日破 大凶 白虎	天地 會合 寶光	三合 日祿 金匱	貴人 朱雀 路空	福星 天官 路空	庚辰
日沖 大凶 勿用	金匱 雷兵 六戊	三合 日祿 天赦	六合 喜神 天兵	明堂 武曲 明輔	大進 貴人 青龍	辛巳
祿貴 交馳 朱雀	三合 天刑 地兵	大進 明堂 進祿	青龍 日馬 六戊	天地 會合 天赦	喜神 司命 天兵	壬午
三合 明堂 路空	天官 青龍 路空	五鬼 勾陳 旬空	司命 進貴 地兵	唐符 不遇 元武	六合 進貴 六戊	癸未
六甲 趨乾 進貴	司命 鳳輦 國印	天官 元武 路空	長生 天賊 路空	玉堂 貴人 狗食	進祿 不遇 地兵	甲申
福星 天赦 元武	喜神 進貴 天兵	玉堂 少微 建刑	天官 貴人 白虎	天德 寶光 路空	金匱 長生 路空	乙酉
玉堂 貴人 大退	福星 武曲 六戊	寶光 貴人 天赦	喜神 金匱 天兵	少微 朱雀 日刑	三合 大進 帝旺	丙戌
天官 寶光 貴人	金匱 福德 地兵	大進 貴人 福星	雷兵 天刑 六戊	三合 天赦 明堂	祿貴 交馳 天兵	丁亥
少微 朱雀 路空	右弼 天刑 路空	明堂 貪狼 天賊	三合 青龍 地兵	羅紋 交貴 勾陳	日沖 大凶 六戊	戊子
明堂 日馬 不遇	青龍 進貴 日刑	三合 長生 路空	司命 貴人 路空	日破 大凶 旬空	祿貴 交馳 地兵	己丑
六合 天赦 勾陳	喜神 司命 天兵	金星 帝旺 天武	日沖 大凶 天牢	玉堂 貴人 路空	三合 福星 路空	庚寅
三合 元武 大退	六合 天牢 六戊	日沖 大凶 不遇	喜神 白虎 天兵	三合 財局 寶光	大進 貴人 金匱	辛卯
玉堂 日祿 少微	日破 大凶 白虎	六合 大進 寶光	三合 長生 六戊	天官 天赦 朱雀	唐符 喜神 天兵	壬辰
日沖 大凶 路空	天官 金匱 路空	三合 朱雀 五鬼	六合 長生 地兵	明堂 唐符 不遇	青龍 進祿 六戊	癸巳

乙未年每日時局表

巳	辰	卯	寅	丑	子	時／日
進祿 大退 狗食	雷兵 天牢 六戊	玉堂 天赦 帝旺	喜神 司命 天兵	天德 寶光 貴人	日沖 大凶 勿用	甲午
日馬 玉堂 不遇	進貴 白虎 地兵	三合 大進 日祿	金匱 進貴 六戊	日破 大凶 朱雀	喜神 貴人 天兵	乙未
寶光 日祿 路空	三合 金匱 路空	紫微 貪狼 朱雀	日沖 大凶 天刑	明堂 進貴 右弼	福星 青龍 六戊	丙申
三合 生旺 朱雀	六合 武曲 天刑	日沖 大凶 路空	青龍 大退 路空	三合 進祿 勾陳	司命 鳳輦 地兵	丁酉
明堂 日祿 天赦	日破 大凶 旬空	天官 六合 勾陳	三合 司命 不遇	貴人 元武 路空	大進 天牢 路空	戊戌
日沖 大凶 旬空	司命 雷兵 六戊	三合 進貴 天赦	喜神 進貴 天兵	玉堂 少微 不遇	大進 貴人 白虎	己亥
長生 太陰 元武	三合 天牢 地兵	大進 玉堂 進貴	日馬 白虎 六戊	天赦 貴人 寶光	金匱 天兵 喜神	庚子
三合 福星 路空	唐符 路空 白虎	天德 寶光 比肩	羅紋 交貴 地兵	太陰 日建 朱雀	長生 進貴 六戊	辛丑
天德 寶光 貴人	金匱 福星 進祿	貴人 朱雀 路空	六壬 趨艮 路空	明堂 天官 進貴	青龍 貪狼 地兵	壬寅
天赦 貴人 大退	喜神 武曲 天兵	祿貴 交馳 明堂	青龍 左輔 狗食	進貴 勾陳 路空	大進 進祿 路空	癸卯
明堂 五鬼 大退	青龍 雷兵 六戊	天赦 帝旺 勾陳	福星 日祿 天兵	貴人 太陰 元武	三合 大進 天牢	甲辰
少微 左輔 勾陳	司命 狗食 地兵	元祿 大進 日武	進祿 雷兵 六戊	三合 天赦 玉堂	祿貴 交馳 天兵	乙巳
日祿 金星 路空	武曲 不遇 路空	玉堂 進貴 少微	三合 長生 地兵	寶光 天德 進祿	日沖 大凶 六戊	丙午
日馬 帝旺 玉堂	進貴 不遇 白虎	三合 寶光 路空	金匱 臨官 路空	日破 大凶 朱雀	進貴 天刑 地兵	丁未
六合 日祿 寶光	喜神 金匱 天兵	天官 進貴 朱雀	日沖 大凶 天刑	明堂 貴人 路空	大進 青龍 路空	戊申

乙未年每日時局表

亥	戌	酉	申	未	午	時/日
長生 左輔 朱雀	三合 右弼 天刑	天官 明堂 路空	青龍 日馬 路空	羅紋 交貴 勾陳	司命 不遇 地兵	甲午
三合 明堂 福星	喜神 青龍 天兵	太陽 比肩 勾陳	羅紋 交貴 司命	右弼 元武 路空	六合 長生 路空	乙未
羅紋 交貴 天退	司命 福星 六戊	天赦 貴人 元武	喜神 天兵 天牢	玉堂 進貴 狗食	大進 武曲 白虎	丙申
天官 貴人 元武	右弼 天牢 地兵	大進 玉堂 福星	雷兵 白虎 六戊	天赦 進貴 寶光	喜神 祿貴 天兵	丁酉
玉堂 少微 路空	武曲 白虎 路空	天德 寶光 天賊	金匱 福星 地兵	貴人 右弼 朱雀	三合 帝旺 六戊	戊戌
天德 寶光 建刑	金匱 福德 狗食	長生 朱雀 路空	祿貴 交馳 路空	三合 明堂 福星	青龍 日祿 地兵	己亥
天赦 左輔 朱雀	喜神 不遇 天兵	明堂 帝旺 進貴	三合 日祿 青龍	貴人 進祿 路空	日沖 大凶 路空	庚子
明堂 日馬 大退	青龍 六戊 雷兵	三合 天赦 日祿	喜神 司命 天兵	日破 大凶 玄武	羅紋 交貴 大進	辛丑
祿貴 交馳 六合	三合 司命 地兵	大進 傳送 天武	日沖 大凶 勿用	玉堂 天官 天赦	喜神 三合 天兵	壬寅
三合 生旺 路空	六合 進貴 路空	日沖 大凶 五鬼	國印 白虎 地兵	三合 寶光 天德	金匱 雷兵 六戊	癸卯
六申 趨乾 玉堂	日破 大凶 白虎	六合 寶光 路空	三合 金匱 路空	天官 貴人 朱雀	貪狼 天刑 地兵	甲辰
日沖 大凶 勿用	喜神 金匱 天兵	三合 太陽 朱雀	六合 貴人 天賊	明堂 進貴 路空	青龍 長生 路空	乙巳
祿貴 交馳 朱雀	三合 福星 六戊	明堂 貴人 天赦	喜神 青龍 天兵	六合 長生 勾陳	大進 司命 帝旺	丙午
三合 明堂 貴人	青龍 進貴 地兵	大進 貴人 福星	司命 進貴 六戊	同類 相資 元武	喜神 日祿 天兵	丁未
少微 勾陳 路空	司命 鳳輦 路空	功曹 元武 五鬼	福星 進祿 地兵	羅紋 交貴 玉堂	帝旺 白虎 六戊	戊申

巳	辰	卯	寅	丑	子	時／日
三合 生旺 朱雀	六合 雷兵 六戊	日破 大凶 旬空	喜神 青龍 天兵	三合 唐符 不遇	大進 貴人 司命	己酉
長生 明堂 傳送	日破 大凶 地兵	六合 大進 勾陳	三合 司命 六戊	天赦 貴人 元武	喜神 天牢 天兵	庚戌
日破 大凶 路空	司命 進祿 路空	三合 元武 天賊	六合 貴人 天兵	玉堂 少微 五鬼	長生 白虎 六戊	辛亥
羅紋 交貴 天賊	三合 福星 武曲	祿貴 交馳 路空	趨艮 白虎 路空	六合 天德 寶光	金匱 福德 地福	壬子
三合 貴人 玉堂	喜神 白虎 天兵	福星 貴人 寶光	金匱 進貴 天賊	同類 相資 路空	大進 日祿 路空	癸丑
寶光 大退 日刑	金匱 雷兵 六戊	天赦 帝旺 朱雀	喜神 日祿 天兵	明堂 貴人 右弼	大進 青龍 進祿	甲寅
日馬 少微 朱雀	武曲 天刑 地兵	大進 日祿 明堂	青龍 雷兵 六戊	天赦 福星 勾陳	司命 貴人 天兵	乙卯
明堂 日祿 路空	青龍 建刑 路空	幹合 勾陳 日害	長生 司命 地兵	國印 元武 旬空	三合 福星 六戊	丙辰
帝旺 左輔 勾陳	司命 傳送 右弼	進貴 元武 路空	進貴 大退 路空	三合 玉堂 少微	貪狼 白虎 地兵	丁巳
日祿 天赦 元武	喜神 武曲 天兵	玉堂 天官 少微	三合 生旺 白虎	寶光 貴人 路空	日破 大凶 路空	戊午
帝旺 玉堂 大退	進貴 白虎 六戊	三合 寶光 天赦	喜神 金匱 天兵	日破 大凶 朱雀	大進 羅紋 交貴	己未
六合 長生 寶光	三合 金匱 地兵	大進 進貴 天賊	日破 大凶 六戊	明堂 貴人 天赦	三合 青龍 天兵	庚申
三合 福星 路空	六合 天刑 路空	日沖 大凶 勿用	青龍 貴人 地兵	三合 武曲 勾陳	司命 長生 六戊	辛酉
明堂 貴人 天賊	日破 大凶 勿用	六合 貴人 路空	三合 司命 路空	天官 水星 元武	帝旺 天牢 地兵	壬戌
日破 大凶 勾陳	喜神 司命 天兵	三合 長生 貴人	六合 臨官 天牢	玉堂 少微 路空	大進 日祿 路空	癸亥

乙未年每日時局表

亥	戌	酉	申	未	午	時／日
馬元 不遇 元武	右弼 太陰 天牢	長生 玉堂 路空	貴人 路空 白虎	福星 寶光 進祿	金匱 日祿 地兵	己酉
玉堂 天赦 少微	喜神 白虎 天兵	天德 寶光 帝旺	金匱 日祿 馬元	貴人 朱雀 路空	福星 天官 路空	庚戌
天德 寶光 大退	金匱 雷兵 六戊	天赦 日祿 進貴	喜神 明堂 天兵	三合 明堂 武曲	大進 貴人 青龍	辛亥
日祿 少微 朱雀	右弼 天刑 地兵	大進 進貴 明堂	三合 青龍 六戊	天赦 天官 勾陳	日破 大凶 天兵	壬子
明堂 日馬 路空	青龍 日刑 路空	三合 扶元 勾陳	司命 進貴 天兵	日破 大凶 玄武	進貴 天牢 六戊	癸丑
六合 長生 勾陳	三合 司命 進祿	天官 唐符 路空	日破 大凶 路空	羅紋 交貴 玉堂	三合 白虎 地兵	甲寅
天赦 三合 福星	喜神 六合 天兵	日沖 大凶 勿用	貴人 白虎 大退	三合 寶光 路空	長生 金匱 路空	乙卯
玉堂 貴人 大退	日破 大凶 六戊	天赦 貴人 寶光	喜神 金匱 天兵	少微 右彈 朱雀	大進 帝旺 天刑	丙辰
日破 大凶 五鬼	金匱 福德 地兵	三合 大進 貴人	六合 進祿 六戊	天赦 明堂 武曲	喜神 日祿 天兵	丁巳
少微 朱雀 路空	三合 財局 路空	明堂 貪狼 進貴	青龍 福星 地兵	祿貴 交馳 勾陳	司命 帝旺 六戊	戊午
三合 明堂 不遇	青龍 進貴 日刑	長生 勾陳 路空	司命 貴人 路空	福星 右弼 元武	祿貴 交馳 地兵	己未
天赦 水星 勾陳	喜神 司命 天兵	帝旺 進貴 元武	日祿 太陽 天牢	玉堂 貴人 路空	福星 天官 路空	庚申
日馬 元武 大退	雷兵 天牢 六戊	祿貴 交馳 天赦	喜神 進貴 天兵	天德 寶光 黃道	大進 貴人 金匱	辛酉
玉堂 日祿 少微	武曲 白虎 地兵	六進 天德 寶光	金匱 日馬 六戊	天官 天赦 朱雀	喜神 三合 天兵	壬戌
寶光 帝旺 路空	金匱 進祿 路空	進馬 朱雀 五鬼	國印 天刑 地兵	三合 明堂 不遇	青龍 雷兵 六戊	癸亥

財喜貴方

Chapter 7

如何運用財喜貴方

吉祥方位與煞方，也就是一般說的財喜貴方與煞方。傳統上認為，每個方位每天都有不同的吉凶神輪值。一般來說吉神方位有**財神**、**喜門**、**貴門**、**文昌**、**正財**與**偏財**，而凶神則有**煞方**。

以二〇一五年國曆一月一日這天來說，這天的**財神**在**正西**，**正財**在**正南**。這兩個方位關係到正財的部分，也就是平常正規收入的部分。所以如果今天正好是關係到加薪，或是談生意的日子，那出門後就可選擇往**正西**或**正南**的方位走路或開車三到五分鐘，就可以承接到**財神**的財氣。

偏財方關係的是**偏財**的進帳，像是賺外快或者是買彩券的人，出門時可以先往今天的**偏財方**走，便大大的增加中獎的機率。

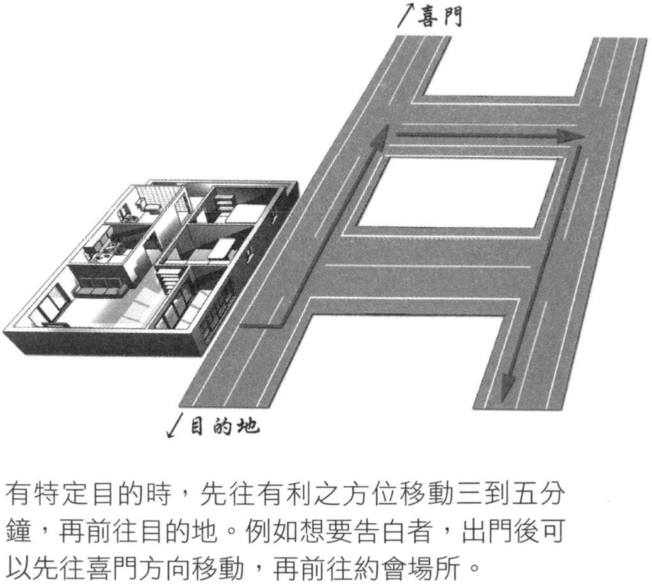

有特定目的時，先往有利之方位移動三到五分鐘，再前往目的地。例如想要告白者，出門後可以先往喜門方向移動，再前往約會場所。

喜門是**喜事**的方位，想要**求婚**、**提親**或者是告白甚至是第一次約會的人，出門前可以先往**喜門**的方位走，可以增加成功的機率。

貴門是**貴人**的方位，希望**貴人運**強一點的，則可以往貴門的方向走，就可以招來更強的**貴人運**，避開小人，讓你工作更順利。

文昌關係到**考試**、**讀書**等事情，有考試的考生或是工作上要參加升等考試，出門前可以先往今天的**文昌**方位走，除了能為自己增加一些分數外，也具有穩定自己軍心的作用。

煞方則是當日**凶神**所在的地方，要盡量避免往該方面活動，以免好事多磨，壞事折磨，如果無可避免的要往那個方位走，那麼出門前不妨多繞一點路，先往其他的好方位走，再轉往目的地，以避免沾染不好的氣場。

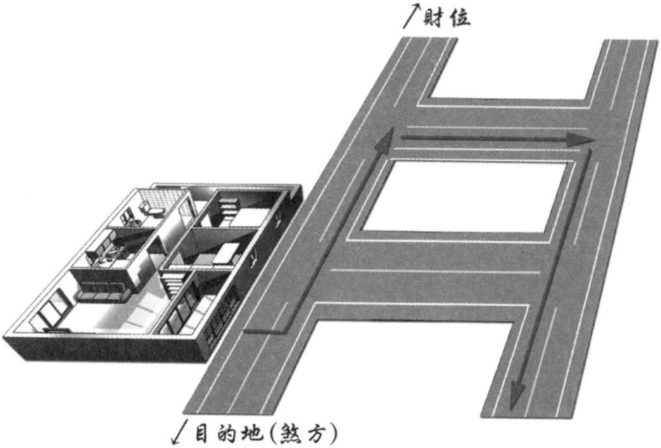

目的地為煞方時，先往有利之方位移動三到五分鐘，再前往目的地。例如目的地為煞方，出門後可先往財位方向移動，再前往原目的地。

乙未年財喜貴煞方位表

二〇一五 一月	農曆	干支	財神	喜門	貴門	文昌	正財	偏財	煞方
1	十一	丁丑	正西	正南	西北	正西	正南	正西	正東
2	十二	戊寅	正北	東南	東北	西南	東南	正北	正北
3	十三	己卯	正北	東北	西南	正西	正南	正北	正西
4	十四	庚辰	正東	西北	東北	西北	西南	正東	正南
5	十五	辛巳	正東	西南	東北	正北	西南	正東	正東
6	十六	壬午	正南	正南	正東	東北	西北	正南	正北
7	十七	癸未	正南	東南	正東	正東	正北	正南	正西
8	十八	甲申	東南	東北	西南	東南	東北	中央	正南
9	十九	乙酉	東南	西北	西南	正南	正東	中央	正東
10	二十	丙戌	正西	西南	正西	西南	東南	正西	正北
11	廿一	丁亥	正西	正南	正西	正西	正南	正西	正西
12	廿二	戊子	正北	東南	東北	西北	西南	正東	正南
13	廿三	己丑	正北	東北	正北	正北	正西	正東	正東
14	廿四	庚寅	正東	西北	東北	東北	西北	正南	正北
15	廿五	辛卯	正東	西南	東北	正東	正北	正南	正西

乙未年財喜貴煞方位表

煞方	偏財	正財	文昌	貴門	喜門	財神	干支	農曆	二〇一五 一月
正南	中央	東北	東南	正東	正南	正南	壬辰	廿六	16
正東	中央	正東	正南	東南	東南	正南	癸巳	廿七	17
正北	正西	東南	西南	西南	東北	東南	甲午	廿八	18
正西	中央	正東	正南	西南	西北	東南	乙未	廿九	19
正南	正西	東南	西南	正西	西南	正西	丙申	十二月	20
正東	正西	正南	正西	西北	正南	正西	丁酉	初二	21
正北	正北	東南	西南	東北	東南	正北	戊戌	初三	22
正西	正北	正南	正西	西南	東北	正北	己亥	初四	23
正南	正東	西南	西北	東北	西北	正東	庚子	初五	24
正東	正東	正西	正北	東北	西南	正東	辛丑	初六	25
正北	正南	西北	東北	正東	正南	正南	壬寅	初七	26
正西	正南	正北	正東	正東	東南	正南	癸卯	初八	27
正南	中央	東北	東南	西南	東北	東南	甲辰	初九	28
正東	中央	正東	正南	正北	西北	東南	乙巳	初十	29
正北	正西	東南	西南	西北	西南	正西	丙午	十一	30
正西	正西	正南	正西	西北	正南	正西	丁未	十二	31

乙未年財喜貴煞方位表

二〇一五二月	農曆	干支	財神	喜門	貴門	文昌	正財	偏財	煞方
1	十三	戊申	正北	東南	西南	西南	東南	正南	正南
2	十四	己酉	正北	東北	西南	正西	正南	正北	正東
3	十五	庚戌	正東	西北	西南	西北	西南	正東	正北
4	十六	辛亥	正東	西南	正南	正北	正西	正東	正西
5	十七	壬子	正南	正南	正東	東北	西北	正南	正南
6	十八	癸丑	正南	東南	正東	正東	正北	正南	正東
7	十九	甲寅	東南	東北	東北	東南	東北	中央	正北
8	二十	乙卯	東南	西北	西南	正南	正東	中央	正西
9	廿一	丙辰	正西	西南	正西	西南	東南	正西	正南
10	廿二	丁巳	正西	正南	正西	正西	正南	正西	正東
11	廿三	戊午	正北	東南	西南	西南	東南	正北	正北
12	廿四	己未	正北	東北	西南	正西	正南	正北	正西
13	廿五	庚申	正東	西北	西南	西北	西南	正東	正南
14	廿六	辛酉	正東	西南	東北	正北	正西	正東	正東
15	廿七	壬戌	正南	正南	正東	東北	西北	正南	正北

乙未年財喜貴煞方位表

煞方	偏財	正財	文昌	貴門	喜門	財神	干支	農曆	二〇一五 二月
正西	正南	正北	正東	正東	東南	正南	癸亥	廿八	16
正南	中央	東北	東南	東北	東北	東南	甲子	廿九	17
正東	中央	正東	正南	正北	西北	東南	乙丑	三十	18
正北	正西	東南	西南	正西	西南	正西	丙寅	正月	19
正西	正西	正南	正西	西北	正南	正西	丁卯	初二	20
正南	正北	東南	正北	東北	東南	正北	戊辰	初三	21
正東	正北	正南	正西	西南	東北	正北	己巳	初四	22
正北	正東	西南	西北	西南	西北	正東	庚午	初五	23
正西	正東	正西	正北	正南	西南	正東	辛未	初六	24
正南	正南	西北	東北	正東	正南	正南	壬申	初七	25
正東	正南	正北	正東	東南	東南	正南	癸酉	初八	26
正北	中央	東北	東南	東北	東北	東南	甲戌	初九	27
正西	中央	正東	正南	西南	西北	東南	乙亥	初十	28

乙未年財喜貴煞方位表

二〇一五三月	農曆	干支	財神	喜門	貴門	文昌	正財	偏財	煞方
1	十一	丙子	正西	西南	正西	西南	東南	正西	正南
2	十二	丁丑	正西	正南	西北	正西	正南	正西	正東
3	十三	戊寅	正北	東南	東北	西南	東南	正北	正北
4	十四	己卯	正北	東北	西南	正西	正南	正北	正西
5	十五	庚辰	正東	西北	東北	西北	西南	正東	正南
6	十六	辛巳	正東	西南	東北	正北	西南	正東	正東
7	十七	壬午	正南	正南	正東	東北	西北	正南	正北
8	十八	癸未	正南	東南	正東	正東	正北	正南	正西
9	十九	甲申	東南	東北	西南	東南	東北	中央	正南
10	二十	乙酉	東南	西北	西南	正南	正東	中央	正東
11	廿一	丙戌	正西	西南	正西	西南	東南	正西	正北
12	廿二	丁亥	正西	正南	正西	正西	正南	正西	正西
13	廿三	戊子	正北	東南	東北	西北	西南	正東	正南
14	廿四	己丑	正北	東北	正北	正北	正西	正東	正東
15	廿五	庚寅	正東	西北	東北	東北	西北	正南	正北

乙未年財喜貴煞方位表

煞方	偏財	正財	文昌	貴門	喜門	財神	干支	農曆	二〇一五三月
正西	正南	正北	正東	東北	西南	正東	辛卯	廿六	16
正南	中央	東北	東南	正東	正南	正南	壬辰	廿七	17
正東	中央	正東	正南	東南	東南	正南	癸巳	廿八	18
正北	正西	東南	西南	西南	東北	東南	甲午	廿九	19
正西	中央	正東	正南	西南	西北	東南	乙未	二月	20
正南	正西	東南	西南	正西	西南	正西	丙申	初二	21
正東	正西	正南	正西	西北	正南	正西	丁酉	初三	22
正北	正北	東南	西南	東北	東南	正北	戊戌	初四	23
正西	正北	正南	正西	西南	東北	正北	己亥	初五	24
正南	正東	西南	西北	東北	西北	正東	庚子	初六	25
正東	正東	正西	正北	東北	西南	正東	辛丑	初七	26
正北	正南	西北	東北	正東	正南	正南	壬寅	初八	27
正西	正南	正北	正東	正東	東南	正南	癸卯	初九	28
正南	中央	東北	東南	西南	東北	東南	甲辰	初十	29
正東	中央	正東	正南	正北	西北	東南	乙巳	十一	30
正北	正西	東南	西南	西北	西南	正西	丙午	十二	31

乙未年財喜貴煞方位表

二〇一五四月	農曆	干支	財神	喜門	貴門	文昌	正財	偏財	煞方
1	十三	丁未	正西	正南	西北	正西	正南	正西	正西
2	十四	戊申	正北	東南	西南	西南	東南	正南	正南
3	十五	己酉	正北	東北	西南	正西	正南	正北	正東
4	十六	庚戌	正東	西北	西南	西北	西南	正東	正北
5	十七	辛亥	正東	西南	正南	正北	正西	正東	正西
6	十八	壬子	正南	正南	正東	東北	西北	正南	正南
7	十九	癸丑	正南	東南	正東	正東	正北	正南	正東
8	二十	甲寅	東南	東北	東北	東南	東北	中央	正北
9	廿一	乙卯	東南	西北	西南	正南	正東	中央	正西
10	廿二	丙辰	正西	西南	正西	西南	東南	正西	正南
11	廿三	丁巳	正西	正南	正西	正西	正南	正西	正東
12	廿四	戊午	正北	東南	西南	西南	東南	正北	正北
13	廿五	己未	正北	東北	西南	正西	正南	正北	正西
14	廿六	庚申	正東	西北	西南	西北	西南	正東	正南
15	廿七	辛酉	正東	西南	東北	正北	正西	正東	正東

乙未年財喜貴煞方位表

煞方	偏財	正財	文昌	貴門	喜門	財神	干支	農曆	二〇一五 四月
正北	正南	西北	東北	正東	正南	正南	壬戌	廿八	16
正西	正南	正北	正東	正東	東南	正南	癸亥	廿九	17
正南	中央	東北	東南	東北	東北	東南	甲子	三十	18
正東	中央	正東	正南	正北	西北	東南	乙丑	三月	19
正北	正西	東南	西南	正西	西南	正西	丙寅	初二	20
正西	正西	正南	正西	西北	正南	正西	丁卯	初三	21
正南	正北	東南	正北	東北	東南	正北	戊辰	初四	22
正東	正北	正南	正西	西南	東北	正北	己巳	初五	23
正北	正東	西南	西北	西南	西北	正東	庚午	初六	24
正西	正東	正西	正北	正南	西南	正東	辛未	初七	25
正南	正南	西北	東北	正東	正南	正南	壬申	初八	26
正東	正南	正北	正東	東南	東南	正南	癸酉	初九	27
正北	中央	東北	東南	東北	東北	東南	甲戌	初十	28
正西	中央	正東	正南	西南	西北	東南	乙亥	十一	29
正南	正西	東南	西南	正西	西南	正西	丙子	十二	30

乙未年財喜貴煞方位表

二〇一五 五月	農曆	干支	財神	喜門	貴門	文昌	正財	偏財	煞方
1	十三	丁丑	正西	正南	西北	正西	正南	正西	正東
2	十四	戊寅	正北	東南	東北	西南	東南	正北	正北
3	十五	己卯	正北	東北	西南	正西	正南	正北	正西
4	十六	庚辰	正東	西北	東北	西北	西南	正東	正南
5	十七	辛巳	正東	西南	東北	正北	西南	正東	正東
6	十八	壬午	正南	正南	正東	東北	西北	正南	正北
7	十九	癸未	正南	東南	正東	正東	正北	正南	正西
8	二十	甲申	東南	東北	西南	東南	東北	中央	正南
9	廿一	乙酉	東南	西北	西南	正南	正東	中央	正東
10	廿二	丙戌	正西	西南	正西	西南	東南	正西	正北
11	廿三	丁亥	正西	正南	正西	正西	正南	正西	正西
12	廿四	戊子	正北	東南	東北	西北	西南	正東	正南
13	廿五	己丑	正北	東北	正北	正北	正西	正東	正東
14	廿六	庚寅	正東	西北	東北	東北	西北	正南	正北
15	廿七	辛卯	正東	西南	東北	正東	正北	正南	正西

乙未年財喜貴煞方位表

煞方	偏財	正財	文昌	貴門	喜門	財神	干支	農曆	二〇一五五月
正南	中央	東北	東南	正東	正南	正南	壬辰	廿八	16
正東	中央	正東	正南	東南	東南	正南	癸巳	廿九	17
正北	正西	東南	西南	西南	東北	東南	甲午	四月	18
正西	中央	正東	正南	西南	西北	東南	乙未	初二	19
正南	正西	東南	西南	正西	西南	正西	丙申	初三	20
正東	正西	正南	正西	西北	正南	正西	丁酉	初四	21
正北	正北	東南	西南	東北	東南	正北	戊戌	初五	22
正西	正北	正南	正西	西南	東北	正北	己亥	初六	23
正南	正東	西南	西北	東北	西北	正東	庚子	初七	24
正東	正東	正西	正北	東北	西南	正東	辛丑	初八	25
正北	正南	西北	東北	正東	正南	正南	壬寅	初九	26
正西	正南	正北	正東	正東	東南	正南	癸卯	初十	27
正南	中央	東北	東南	西南	東北	東南	甲辰	十一	28
正東	中央	正東	正南	正北	西北	東南	乙巳	十二	29
正北	正西	東南	西南	西北	西南	正西	丙午	十三	30
正西	正西	正南	正西	西北	正南	正西	丁未	十四	31

乙未年財喜貴煞方位表

二〇一五 六月	農曆	干支	財神	喜門	貴門	文昌	正財	偏財	煞方
1	十五	戊申	正北	東南	西南	西南	東南	正南	正南
2	十六	己酉	正北	東北	西南	正西	正南	正北	正東
3	十七	庚戌	正東	西北	西南	西北	西南	正東	正北
4	十八	辛亥	正東	西南	正南	正北	正西	正東	正西
5	十九	壬子	正南	正南	正東	東北	西北	正南	正南
6	二十	癸丑	正南	東南	正東	正東	正北	正南	正東
7	廿一	甲寅	東南	東北	東北	東南	東北	中央	正北
8	廿二	乙卯	東南	西北	西南	正南	正東	中央	正西
9	廿三	丙辰	正西	西南	正西	西南	東南	正西	正南
10	廿四	丁巳	正西	正南	正西	正西	正南	正西	正東
11	廿五	戊午	正北	東南	西南	西南	東南	正北	正北
12	廿六	己未	正北	東北	西南	正西	正南	正北	正西
13	廿七	庚申	正東	西北	西南	西北	西南	正東	正南
14	廿八	辛酉	正東	西南	東北	正北	正西	正東	正東
15	廿九	壬戌	正南	正南	正東	東北	西北	正南	正北

乙未年財喜貴煞方位表

二〇一五 六月	農曆	干支	財神	喜門	貴門	文昌	正財	偏財	煞方
16	**五月**	癸亥	正南	東南	正東	正東	正北	正南	正西
17	**初二**	甲子	東南	東北	東北	東南	東北	中央	正南
18	**初三**	乙丑	東南	西北	正北	正南	正東	中央	正東
19	**初四**	丙寅	正西	西南	正西	西南	東南	正西	正北
20	**初五**	丁卯	正西	正南	西北	正西	正南	正西	正西
21	**初六**	戊辰	正北	東南	東北	正北	東南	正北	正南
22	**初七**	己巳	正北	東北	西南	正西	正南	正北	正東
23	**初八**	庚午	正東	西北	西南	西北	西南	正東	正北
24	**初九**	辛未	正東	西南	正南	正北	正西	正東	正西
25	**初十**	壬申	正南	正南	正東	東北	西北	正南	正南
26	**十一**	癸酉	正南	東南	東南	正東	正北	正南	正東
27	**十二**	甲戌	東南	東北	東北	東南	東北	中央	正北
28	**十三**	乙亥	東南	西北	西南	正南	正東	中央	正西
29	**十四**	丙子	正西	西南	正西	西南	東南	正西	正南
30	**十五**	丁丑	正西	正南	西北	正西	正南	正西	正東

乙未年財喜貴煞方位表

二〇一五 七月	農曆	干支	財神	喜門	貴門	文昌	正財	偏財	煞方
1	十六	戊寅	正北	東南	東北	西南	東南	正北	正北
2	十七	己卯	正北	東北	西南	正西	正南	正北	正西
3	十八	庚辰	正東	西北	東北	西北	西南	正東	正南
4	十九	辛巳	正東	西南	東北	正北	西南	正東	正東
5	二十	壬午	正南	正南	正東	東北	西北	正南	正北
6	廿一	癸未	正南	東南	正東	正東	正北	正南	正西
7	廿二	甲申	東南	東北	西南	東南	東北	中央	正南
8	廿三	乙酉	東南	西北	西南	正南	正東	中央	正東
9	廿四	丙戌	正西	西南	正西	西南	東南	正西	正北
10	廿五	丁亥	正西	正南	正西	正西	正南	正西	正西
11	廿六	戊子	正北	東南	東北	西北	西南	正東	正南
12	廿七	己丑	正北	東北	正北	正北	正西	正東	正東
13	廿八	庚寅	正東	西北	東北	東北	西北	正南	正北
14	廿九	辛卯	正東	西南	東北	正東	正北	正南	正西
15	三十	壬辰	正南	正南	正東	東南	東北	中央	正南

乙未年財喜貴煞方位表

煞方	偏財	正財	文昌	貴門	喜門	財神	干支	農曆	二〇一五七月
正東	中央	正東	正南	東南	東南	正南	癸巳	六月	16
正北	正西	東南	西南	西南	東北	東南	甲午	初二	17
正西	中央	正東	正南	西南	西北	東南	乙未	初三	18
正南	正西	東南	西南	正西	西南	正西	丙申	初四	19
正東	正西	正南	正西	西北	正南	正西	丁酉	初五	20
正北	正北	東南	西南	東北	東南	正北	戊戌	初六	21
正西	正北	正南	正西	西南	東北	正北	己亥	初七	22
正南	正東	西南	西北	東北	西北	正東	庚子	初八	23
正東	正東	正西	正北	東北	西南	正東	辛丑	初九	24
正北	正南	西北	東北	正東	正南	正南	壬寅	初十	25
正西	正南	正北	正東	正東	東南	正南	癸卯	十一	26
正南	中央	東北	東南	西南	東北	東南	甲辰	十二	27
正東	中央	正東	正南	正北	西北	東南	乙巳	十三	28
正北	正西	東南	西南	西北	西南	正西	丙午	十四	29
正西	正西	正南	正西	西北	正南	正西	丁未	十五	30
正南	正南	東南	西南	西南	東南	正北	戊申	十六	31

乙未年財喜貴煞方位表

煞方	偏財	正財	文昌	貴門	喜門	財神	干支	農曆	二〇一五八月
正東	正北	正南	正西	西南	東北	正北	己酉	**十七**	1
正北	正東	西南	西北	西南	西北	正東	庚戌	**十八**	2
正西	正東	正西	正北	正南	西南	正東	辛亥	**十九**	3
正南	正南	西北	東北	正東	正南	正南	壬子	**二十**	4
正東	正南	正北	正東	正東	東南	正南	癸丑	**廿一**	5
正北	中央	東北	東南	東北	東北	東南	甲寅	**廿二**	6
正西	中央	正東	正南	西南	西北	東南	乙卯	**廿三**	7
正南	正西	東南	西南	正西	西南	正西	丙辰	**廿四**	8
正東	正西	正南	正西	正西	正南	正西	丁巳	**廿五**	9
正北	正北	東南	西南	西南	東南	正北	戊午	**廿六**	10
正西	正北	正南	正西	西南	東北	正北	己未	**廿七**	11
正南	正東	西南	西北	西南	西北	正東	庚申	**廿八**	12
正東	正東	正西	正北	東北	西南	正東	辛酉	**廿九**	13
正北	正南	西北	東北	正東	正南	正南	壬戌	**七月**	14
正西	正南	正北	正東	正東	東南	正南	癸亥	**初二**	15

乙未年財喜貴煞方位表

煞方	偏財	正財	文昌	貴門	喜門	財神	干支	農曆	二〇一五 八月
正南	中央	東北	東南	東北	東北	東南	甲子	初三	16
正東	中央	正東	正南	正北	西北	東南	乙丑	初四	17
正北	正西	東南	西南	正西	西南	正西	丙寅	初五	18
正西	正西	正南	正西	西北	正南	正西	丁卯	初六	19
正南	正北	東南	正北	東北	東南	正北	戊辰	初七	20
正東	正北	正南	正西	西南	東北	正北	己巳	初八	21
正北	正東	西南	西北	西南	西北	正東	庚午	初九	22
正西	正東	正西	正北	正南	西南	正東	辛未	初十	23
正南	正南	西北	東北	正東	正南	正南	壬申	十一	24
正東	正南	正北	正東	東南	東南	正南	癸酉	十二	25
正北	中央	東北	東南	東北	東北	東南	甲戌	十三	26
正西	中央	正東	正南	西南	西北	東南	乙亥	十四	27
正南	正西	東南	西南	正西	西南	正西	丙子	十五	28
正東	正西	正南	正西	西北	正南	正西	丁丑	十六	29
正北	正北	東南	西南	東北	東南	正北	戊寅	十七	30
正西	正北	正南	正西	西南	東北	正北	己卯	十八	31

乙未年財喜貴煞方位表

二〇一五九月	農曆	干支	財神	喜門	貴門	文昌	正財	偏財	煞方
1	十九	庚辰	正東	西北	東北	西北	西南	正東	正南
2	二十	辛巳	正東	西南	東北	正北	西南	正東	正東
3	廿一	壬午	正南	正南	正東	東北	西北	正南	正北
4	廿二	癸未	正南	東南	正東	正東	正北	正南	正西
5	廿三	甲申	東南	東北	西南	東南	東北	中央	正南
6	廿四	乙酉	東南	西北	西南	正南	正東	中央	正東
7	廿五	丙戌	正西	西南	正西	西南	東南	正西	正北
8	廿六	丁亥	正西	正南	正西	正西	正南	正西	正西
9	廿七	戊子	正北	東南	東北	西北	西南	正東	正南
10	廿八	己丑	正北	東北	正北	正北	正西	正東	正東
11	廿九	庚寅	正東	西北	東北	東北	西北	正南	正北
12	三十	辛卯	正東	西南	東北	正東	正北	正南	正西
13	八月	壬辰	正南	正南	正東	東南	東北	中央	正南
14	初二	癸巳	正南	東南	東南	正南	正東	中央	正東
15	初三	甲午	東南	東北	西南	西南	東南	正西	正北

乙未年財喜貴煞方位表

二〇一五 九月	農曆	干支	財神	喜門	貴門	文昌	正財	偏財	煞方
16	初四	乙未	東南	西北	西南	正南	正東	中央	正西
17	初五	丙申	正西	西南	正西	西南	東南	正西	正南
18	初六	丁酉	正西	正南	西北	正西	正南	正西	正東
19	初七	戊戌	正北	東南	東北	西南	東南	正北	正北
20	初八	己亥	正北	東北	西南	正西	正南	正北	正西
21	初九	庚子	正東	西北	東北	西北	西南	正東	正南
22	初十	辛丑	正東	西南	東北	正北	正西	正東	正東
23	十一	壬寅	正南	正南	正東	東北	西北	正南	正北
24	十二	癸卯	正南	東南	正東	正東	正北	正南	正西
25	十三	甲辰	東南	東北	西南	東南	東北	中央	正南
26	十四	乙巳	東南	西北	正北	正南	正東	中央	正東
27	十五	丙午	正西	西南	西北	西南	東南	正西	正北
28	十六	丁未	正西	正南	西北	正西	正南	正西	正西
29	十七	戊申	正北	東南	西南	西南	東南	正南	正南
30	十八	己酉	正北	東北	西南	正西	正南	正北	正東

乙未年財喜貴煞方位表

二〇一五 十月	農曆	干支	財神	喜門	貴門	文昌	正財	偏財	煞方
1	十九	庚戌	正東	西北	西南	西北	西南	正東	正北
2	二十	辛亥	正東	西南	正南	正北	正西	正東	正西
3	廿一	壬子	正南	正南	正東	東北	西北	正南	正南
4	廿二	癸丑	正南	東南	正東	正東	正北	正南	正東
5	廿三	甲寅	東南	東北	東北	東南	東北	中央	正北
6	廿四	乙卯	東南	西北	西南	正南	正東	中央	正西
7	廿五	丙辰	正西	西南	正西	西南	東南	正西	正南
8	廿六	丁巳	正西	正南	正西	正西	正南	正西	正東
9	廿七	戊午	正北	東南	西南	西南	東南	正北	正北
10	廿八	己未	正北	東北	西南	正西	正南	正北	正西
11	廿九	庚申	正東	西北	西南	西北	西南	正東	正南
12	三十	辛酉	正東	西南	東北	正北	正西	正東	正東
13	九月	壬戌	正南	正南	正東	東北	西北	正南	正北
14	初二	癸亥	正南	東南	正東	正東	正北	正南	正西
15	初三	甲子	東南	東北	東北	東南	東北	中央	正南

乙未年財喜貴煞方位表

煞方	偏財	正財	文昌	貴門	喜門	財神	干支	農曆	二〇一五十二月
正東	中央	正東	正南	正北	西北	東南	乙丑	**初四**	16
正北	正西	東南	西南	正西	西南	正西	丙寅	**初五**	17
正西	正西	正南	正西	西北	正南	正西	丁卯	**初六**	18
正南	正北	東南	正北	東北	東南	正北	戊辰	**初七**	19
正東	正北	正南	正西	西南	東北	正北	己巳	**初八**	20
正北	正東	西南	西北	西南	西北	正東	庚午	**初九**	21
正西	正東	正西	正北	正南	西南	正東	辛未	**初十**	22
正南	正南	西北	東北	正東	正南	正南	壬申	**十一**	23
正東	正南	正北	正東	東南	東南	正南	癸酉	**十二**	24
正北	中央	東北	東南	東北	東北	東南	甲戌	**十三**	25
正西	中央	正東	正南	西南	西北	東南	乙亥	**十四**	26
正南	正西	東南	西南	正西	西南	正西	丙子	**十五**	27
正東	正西	正南	正西	西北	正南	正西	丁丑	**十六**	28
正北	正北	東南	西南	東北	東南	正北	戊寅	**十七**	29
正西	正北	正南	正西	西南	東北	正北	己卯	**十八**	30
正南	正東	西南	西北	東北	西北	正東	庚辰	**十九**	31

乙未年財喜貴煞方位表

煞方	偏財	正財	文昌	貴門	喜門	財神	干支	農曆	二〇一五 十一月
正東	正東	西南	正北	東北	西南	正東	辛巳	二十	1
正北	正南	西北	東北	正東	正南	正南	壬午	廿一	2
正西	正南	正北	正東	正東	東南	正南	癸未	廿二	3
正南	中央	東北	東南	西南	東北	東南	甲申	廿三	4
正東	中央	正東	正南	西南	西北	東南	乙酉	廿四	5
正北	正西	東南	西南	正西	西南	正西	丙戌	廿五	6
正西	正西	正南	正西	正西	正南	正西	丁亥	廿六	7
正南	正東	西南	西北	東北	東南	正北	戊子	廿七	8
正東	正東	正西	正北	正北	東北	正北	己丑	廿八	9
正北	正南	西北	東北	東北	西北	正東	庚寅	廿九	10
正西	正南	正北	正東	東北	西南	正東	辛卯	三十	11
正南	中央	東北	東南	正東	正南	正南	壬辰	十月	12
正東	中央	正東	正南	東南	東南	正南	癸巳	初二	13
正北	正西	東南	西南	西南	東北	東南	甲午	初三	14
正西	中央	正東	正南	西南	西北	東南	乙未	初四	15

乙未年財喜貴煞方位表

煞方	偏財	正財	文昌	貴門	喜門	財神	干支	農曆	二〇一五十一月
正南	正西	東南	西南	正西	西南	正西	丙申	初五	16
正東	正西	正南	正西	西北	正南	正西	丁酉	初六	17
正北	正北	東南	西南	東北	東南	正北	戊戌	初七	18
正西	正北	正南	正西	西南	東北	正北	己亥	初八	19
正南	正東	西南	西北	東北	西北	正東	庚子	初九	20
正東	正東	正西	正北	東北	西南	正東	辛丑	初十	21
正北	正南	西北	東北	正東	正南	正南	壬寅	十一	22
正西	正南	正北	正東	正東	東南	正南	癸卯	十二	23
正南	中央	東北	東南	西南	東北	東南	甲辰	十三	24
正東	中央	正東	正南	正北	西北	東南	乙巳	十四	25
正北	正西	東南	西南	西北	西南	正西	丙午	十五	26
正西	正西	正南	正西	西北	正南	正西	丁未	十六	27
正南	正南	東南	西南	西南	東南	正北	戊申	十七	28
正東	正北	正南	正西	西南	東北	正北	己酉	十八	29
正北	正東	西南	西北	西南	西北	正東	庚戌	十九	30

乙未年財喜貴煞方位表

二〇一五 十二月	農曆	干支	財神	喜門	貴門	文昌	正財	偏財	煞方
1	二十	辛亥	正東	西南	正南	正北	正西	正東	正西
2	廿一	壬子	正南	正南	正東	東北	西北	正南	正南
3	廿二	癸丑	正南	東南	正東	正東	正北	正南	正東
4	廿三	甲寅	東南	東北	東北	東南	東北	中央	正北
5	廿四	乙卯	東南	西北	西南	正南	正東	中央	正西
6	廿五	丙辰	正西	西南	正西	西南	東南	正西	正南
7	廿六	丁巳	正西	正南	正西	正西	正南	正西	正東
8	廿七	戊午	正北	東南	西南	西南	東南	正北	正北
9	廿八	己未	正北	東北	西南	正西	正南	正北	正西
10	廿九	庚申	正東	西北	西南	西北	西南	正東	正南
11	十一月	辛酉	正東	西南	東北	正北	正西	正東	正東
12	初二	壬戌	正南	正南	正東	東北	西北	正南	正北
13	初三	癸亥	正南	東南	正東	正東	正北	正南	正西
14	初四	甲子	東南	東北	東北	東南	東北	中央	正南
15	初五	乙丑	東南	西北	正北	正南	正東	中央	正東

乙未年財喜貴煞方位表

二〇一五十二月	農曆	干支	財神	喜門	貴門	文昌	正財	偏財	煞方
16	初六	丙寅	正西	西南	正西	西南	東南	正西	正北
17	初七	丁卯	正西	正南	西北	正西	正南	正西	正西
18	初八	戊辰	正北	東南	東北	正北	東南	正北	正南
19	初九	己巳	正北	東北	西南	正西	正南	正北	正東
20	初十	庚午	正東	西北	西南	西北	西南	正東	正北
21	十一	辛未	正東	西南	正南	正北	正西	正東	正西
22	十二	壬申	正南	正南	正東	東北	西北	正南	正南
23	十三	癸酉	正南	東南	東南	正東	正北	正南	正東
24	十四	甲戌	東南	東北	東北	東南	東北	中央	正北
25	十五	乙亥	東南	西北	西南	正南	正東	中央	正西
26	十六	丙子	正西	西南	正西	西南	東南	正西	正南
27	十七	丁丑	正西	正南	西北	正西	正南	正西	正東
28	十八	戊寅	正北	東南	東北	西南	東南	正北	正北
29	十九	己卯	正北	東北	西南	正西	正南	正北	正西
30	二十	庚辰	正東	西北	東北	西北	西南	正東	正南
31	廿一	辛巳	正東	西南	東北	正北	西南	正東	正東

乙未年財喜貴煞方位表

煞方	偏財	正財	文昌	貴門	喜門	財神	干支	農曆	二〇一六國曆一月
正北	正南	西北	東北	正東	正南	正南	壬午	廿二	1
正西	正南	正北	正東	正東	東南	正南	癸未	廿三	2
正南	中央	東北	東南	西南	東北	東南	甲申	廿四	3
正東	中央	正東	正南	西南	西北	東南	乙酉	廿五	4
正北	正西	東南	西南	正西	西南	正西	丙戌	廿六	5
正西	正西	正南	正西	正西	正南	正西	丁亥	廿七	6
正南	正東	西南	西北	東北	東南	正北	戊子	廿八	7
正東	正東	正西	正北	正北	東北	正北	己丑	廿九	8
正北	正南	西北	東北	東北	西北	正東	庚寅	三十	9
正西	正南	正北	正東	東北	西南	正東	辛卯	十二月	10
正南	中央	東北	東南	正東	正南	正南	壬辰	初二	11
正東	中央	正東	正南	東南	東南	正南	癸巳	初三	12
正北	正西	東南	西南	西南	東北	東南	甲午	初四	13
正西	中央	正東	正南	西南	西北	東南	乙未	初五	14
正南	正西	東南	西南	正西	西南	正西	丙申	初六	15

乙未年財喜貴煞方位表

煞方	偏財	正財	文昌	貴門	喜門	財神	干支	農曆	二〇一六國曆一月
正東	正西	正南	正西	西北	正南	正西	丁酉	初七	16
正北	正北	東南	西南	東北	東南	正北	戊戌	初八	17
正西	正北	正南	正西	西南	東北	正北	己亥	初九	18
正南	正東	西南	西北	東北	西北	正東	庚子	初十	19
正東	正東	正西	正北	東北	西南	正東	辛丑	十一	20
正北	正南	西北	東北	正東	正南	正南	壬寅	十二	21
正西	正南	正北	正東	正東	東南	正南	癸卯	十三	22
正南	中央	東北	東南	西南	東北	東南	甲辰	十四	23
正東	中央	正東	正南	正北	西北	東南	乙巳	十五	24
正北	正西	東南	西南	西北	西南	正西	丙午	十六	25
正西	正西	正南	正西	西北	正南	正西	丁未	十七	26
正南	正南	東南	西南	西南	東南	正北	戊申	十八	27
正東	正北	正南	正西	西南	東北	正北	己酉	十九	28
正北	正東	西南	西北	西南	西北	正東	庚戌	二十	29
正西	正東	正西	正北	正南	西南	正東	辛亥	廿一	30
正南	正南	西北	東北	正東	正南	正南	壬子	廿二	31

乙未年財喜貴煞方位表

二〇一六國曆二月	農曆	干支	財神	喜門	貴門	文昌	正財	偏財	煞方
1	廿三	癸丑	正南	東南	正東	正東	正北	正南	正東
2	廿四	甲寅	東南	東北	東北	東南	東北	中央	正北
3	廿五	乙卯	東南	西北	西南	正南	正東	中央	正西
4	廿六	丙辰	正西	西南	正西	西南	東南	正西	正南
5	廿七	丁巳	正西	正南	正西	正西	正南	正西	正東
6	廿八	戊午	正北	東南	西南	西南	東南	正北	正北
7	廿九	己未	正北	東北	西南	正西	正南	正北	正西
8	正月	庚申	正東	西北	西南	西北	西南	正東	正南
9	初二	辛酉	正東	西南	東北	正北	正西	正東	正東
10	初三	壬戌	正南	正南	正東	東北	西北	正南	正北
11	初四	癸亥	正南	東南	正東	正東	正北	正南	正西
12	初五	甲子	東南	東北	東北	東南	東北	中央	正南
13	初六	乙丑	東南	西北	正北	正南	正東	中央	正東
14	初七	丙寅	正西	西南	正西	西南	東南	正西	正北
15	初八	丁卯	正西	正南	西北	正西	正南	正西	正西

乙未年財喜貴煞方位表

二〇一六國曆二月	農曆	干支	財神	喜門	貴門	文昌	正財	偏財	煞方
16	初九	戊辰	正北	東南	東北	正北	東南	正北	正南
17	初十	己巳	正北	東北	西南	正西	正南	正北	正東
18	十一	庚午	正東	西北	西南	西北	西南	正東	正北
19	十二	辛未	正東	西南	正南	正北	正西	正東	正西
20	十三	壬申	正南	正南	正東	東北	西北	正南	正南
21	十四	癸酉	正南	東南	東南	正東	正北	正南	正東
22	十五	甲戌	東南	東北	東北	東南	東北	中央	正北
23	十六	乙亥	東南	西北	西南	正南	正東	中央	正西
24	十七	丙子	正西	西南	正西	西南	東南	正西	正南
25	十八	丁丑	正西	正南	西北	正西	正南	正西	正東
26	十九	戊寅	正北	東南	東北	西南	東南	正北	正北
27	二十	己卯	正北	東北	西南	正西	正南	正北	正西
28	廿一	庚辰	正東	西北	東北	西北	西南	正東	正南
29	廿二	辛巳	正東	西南	東北	正北	西南	正東	正東